MACH'S EINFACH!

Do-it-yourself für Frauen

Unser Verlagsprogramm finden Sie unter www.christian-verlag.de

Produktmanagement: Sabine Scheurer
Übersetzung aus dem Französischen: Christine Frauendorf-Mössel
Textredaktion: Anja Hallam
Korrektur: Dr. Michael Schenkel
Satz: Elke Mader
Umschlaggestaltung: Caroline Daphne Georgiadis, Daphne Design
Herstellung: Bettina Schippel

Die Originalausgabe mit dem Titel *Mon cours de bricolage. Les basiques* wurde erstmals 2010 im Verlag Hachette-Livre (Marabout) veröffentlicht.

Die Deutsche Nationalbibliothek verzeichnet diese Publikation in der Deutschen Nationalbibliografie; detaillierte bibliografische Daten sind im Internet über http://dnb.d-nb.de abrufbar.

Printed in Slovenia by Korotan

ISBN 978-3-86244-182-2

Christian Verlag
Postfach 400209
80702 München
E-Mail: lektorat@verlagshaus.de

Danksagung

Mein herzlicher Dank gilt:
David Le Glanic für seine Fotos, die allein schon Lust auf das Heimwerken machen.
Pascal Durant für seine klugen Ratschläge und seine Geduld.
Aurelie Le Floch, Manuela Bonnet, Bénédicte Servignat und dem ganzen Team, das dazu beigetragen hat, dieses Buch zu dem zu machen, was es ist.
Unseren Geschäftspartnern Bosch, Legrand und Dulux Valentine für ihr Vertrauen und die Leihgabe ihrer Produkte.
Valentin Lefranc für sein Engagement und sein Vertrauen.
Victoire, Céleste, Kelly und Anasthasia für ihre Mitarbeit und die stets gute Laune.
Und nicht zu vergessen all den Schülern von Lilibricole, ohne die dieses Buch nie entstanden wäre.

MACH'S EINFACH!

Do-it-yourself für Frauen

Marie Davideau
Fotos David Le Glanic

CHRISTIAN

Die Arbeitsanleitungen dieses Buches sind den Heimwerkerkursen bei »Lilibricole« entliehen.

Aktuelle Informationen über die Kurse von Lilibricole sind auf der Webseite **www.lilibricole.com** erhältlich.

Ich widme dieses Buch der kreativen, unabhängigen und zupackenden Frau, die in uns allen schlummert …

Es ist erstaunlich, wie viele Arbeiten im Haus jeder von uns selbst erledigen kann, sobald er die Grundlagen des Heimwerkens kennt.

Mach's einfach! richtet sich an jeden Rat suchenden Leser – und an jede Rat suchende Leserin, die sich bisher wenig mit handwerklichen Arbeiten beschäftigt hat. Meine positiven Erfahrungen, die große Akzeptanz der Heimwerkerkurse von »Lilibricole« in Frankreich und nicht zuletzt die Ermunterung meines ehemaligen Lehrers haben mich zu diesem Projekt gebracht – nun ist aus der langjährigen Praxisarbeit dieses Buch entstanden.

Wer umzieht, seinen Wohnräumen einen neuen »Anstrich« verleihen möchte, wer Haus oder auch nur ein Zimmer verschönern, renovieren oder instand setzen möchte, für den ist dieses Buch bestimmt.

Einerlei ob Malerarbeiten, Fliesenlegen, Wandbefestigungen aller Art, Klempnerarbeiten, Elektroinstallationen oder ein Auffrischen der Möbel – nach der Lektüre bleibt keine Frage offen.

Meine Damen, hiermit lade ich euch alle zu meinem Heimwerkerkurs ein! Viel Spaß bei der Lektüre und auf bald.

Marie Davideau

Gründerin der Kurse Lilibricole

Inhalt

Elektroinstallationen

Sanitär und Wasser

Möbel

Wände

Wände

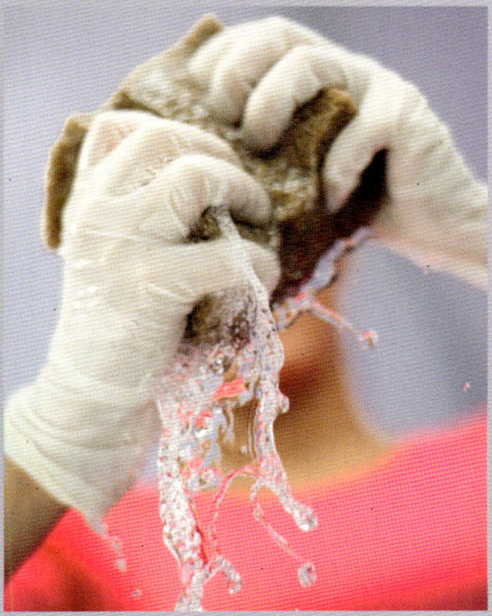

Spachtelmasse und Wandfarbe wählen

Ist Farbe wirklich nur eine Frage des Geschmacks? Die richtige Auswahl von Wandfarbe und Spachtelmasse hängt, vom Geschmack einmal abgesehen, von vielen Faktoren ab. Angesichts der überquellenden Produktregale in Heimwerker- und Baumärkten kann man schnell den Überblick und die Orientierung verlieren. Die folgenden Tipps sollen es dir ermöglichen, für jede Situation die passende Lösung zu finden.

Fertigspachtel oder Spachtelmasse zum Selbstanrühren?

Diese Entscheidung kannst du vom Zustand der Wände abhängig machen, die gestrichen werden sollen: Sind nur einige wenige Löcher und Risse auszubessern, empfiehlt sich eine Dose Fertigspachtel, da seine Anwendung kinderleicht ist. Gibt es aber viele Unebenheiten, Löcher und Risse, ist eine Spachtelmasse in Pulverform die bessere Wahl. Im Vergleich zum Fertigspachtel spart man nicht nur Materialkosten, der Inhalt der Packung hält mit ein bis zwei Jahren auch wesentlich länger als Fertigspachtel. Allerdings muss die Spachtelmasse erst angerührt werden und für eine sachgemäße Ausbesserung die richtige Konsistenz besitzen.

Welche Spachtelmassen gibt es?

Zement, Kunstharz und Gips sind die drei Grundstoffe der Spachtelmassen. Außerdem unterscheidet man Spachtelmassen je nach Konsistenz als verlaufsfähig oder standfest. Verlaufsfähige Spachtelmassen verwendet man flächendeckend zum Glätten und Nivellieren. Standfeste Spachtelmassen dienen zum Füllen und Reparieren von Löchern, Rissen oder anderen Schadstellen. Zementgebundener Spachtel eignet sich für Nassräume, Fußböden und den Außenbereich, denn er ist unempfindlich gegen Feuchtigkeit. Gipsgebundene Spachtelmasse ist der übliche Grundstoff für alle Spachtelarbeiten im Innenbereich.

Er ist pH-neutral (Zement ist alkalisch) und daher mit allen Materialien verträglich. Kunstharzspachtel ist der Alleskönner, er eignet sich innen und außen, auf Holz, Metall oder mineralischem Untergrund. Kunstharzspachtel sind immer bereits fertig gemischt und härten durch Verdunstung des Wasseranteils.

Was ist der Unterschied zwischen Acrylfarben und Farben auf Ölbasis?

Acrylfarben auf Wasserbasis enthalten keine Lösungsmittel. Sie haben ökologisch, gesundheitlich und praktisch viele Vorteile: Sie sind geruchlos, wasserlöslich, verlaufsfähig und daher einfach zu verstreichen. Es gibt eine breite Auswahl an Farben für dekorative Innenarbeiten. Zudem kann man die nötigen Malerutensilien einfach mit Wasser und Seife reinigen. Farben auf Ölbasis erzeugen eine besonders schöne Oberflächenstruktur. Im Vergleich zur wasserlöslichen Acrylfarbe vergilben sie weniger, bilden jedoch häufiger Risse. Auch haben die Farben auf Ölbasis einen nicht unerheblichen Nachteil: Sie enthalten einen großen Anteil flüchtiger organischer Verbindungen, die in die Raumluft eindringen. Damit können sie sich bei Atemproblemen nachteilig auf die Gesundheit auswirken. Außerdem muss das verwendete Handwerkszeug mit giftigen Lösungsmitteln gereinigt werden. Deshalb verschwinden diese Farben allmählich aus den Regalen vieler Heimwerkermärkte.

Matt, seidenmatt oder glänzend? Nach welchen Kriterien entscheidet man sich für eine dieser drei Farbenqualitäten?

Matte Farben überdecken Unebenheiten, schlucken das Licht und schaffen eine weiche, behagliche Raumatmosphäre. Aus diesem Grund werden matte Farben überall zum Anstrich von Decken und Möbeln verwendet. Glänzende Farben dagegen haben einen »Spiegeleffekt«, akzentuieren und reflektieren das Licht. Sie empfehlen sich vor allem für Badezimmer. Entsprechend der gewünschten ästhetischen Wirkung kann man sie anderen Farbarten vorziehen. Um allerdings einen »Spiegeleffekt« zu erzielen, braucht die Farbe einen vollkommen glatten Untergrund.

FÜR ANFÄNGER UNTER DEN HEIMWERKERN, DIE WÄNDE NEU STREICHEN MÖCHTEN, SIND SEIDENMATTE FARBEN EIN IDEALER KOMPROMISS: NUR MATT SCHIMMERND BIETEN SIE EINEN WARMEN UND ELEGANTEN VISUELLEN EFFEKT, SIND WASSERFEST UND WIDERSTANDSFÄHIG.

Zimmer und Badezimmer sollen neu gestrichen werden. Kann man für beide Räume dieselbe Farbe verwenden?

In Badezimmer und Küche sind Wände Feuchtigkeit durch Dampfbildung und Fettspritzern ausgesetzt. Für diese Räume sind spezielle feuchtigkeitsabweisende und pflegeleichte Farben empfehlenswert, die in allen bekannten Geschäften angeboten werden. Für Balkongeländer und Fensterläden sollten Farben und Werkzeug für den Außenbereich verwendet werden.

Ist die Farbe, die angeblich nur einen Anstrich erfordert, tatsächlich so extrem deckend?

Ja – vorausgesetzt, die zu bemalenden Wände wurden vorab mit einer Grundierung behandelt. Ohne diese Grundierung ist das Ergebnis kaum zufriedenstellend: Keine Qualität, auch die Farbe nicht, die angeblich nur einmal aufgetragen werden muss, deckt bei einem einmaligen Anstrich komplett sämtliche Unregelmäßigkeiten und Fehlstellen an Wänden und Decken ab.

Wie hoch ist der Farbbedarf für den Neuanstrich eines Zimmers?

Zunächst brauchst du die Gesamtfläche der zu behandelnden Wände und der Decke des betreffenden Raumes in Quadratmetern. Auf den Farbdosen oder -eimern findest du Hinweise über die Ergiebigkeit des Inhalts in Quadratmetern. So lässt sich der benötigte Farbbedarf für einen einmaligen oder mehrmaligen Anstrich leicht ermitteln. Bei einem zweimaligen Anstrich verdoppelt sich also die Farbmenge. Den Farbbedarf sollte man großzügig berechnen, um zu verhindern, dass der Farbvorrat während der Arbeit zu Ende geht: Das heißt, man fügt der errechneten Menge zum Beispiel noch eine Farbdose hinzu. Trotz aller Sorgfalt ist der Farbauftrag nie vollkommen homogen, sodass an einigen Stellen nachgebessert werden muss …

Das Zimmer vorbereiten

Handwerkszeug und Material

• Utensilien zum Entstauben (Staubsauger, Besen und Kehrschaufel, Staubwedel, Staublappen, Glasreinigungsmittel)
• Plastikfolien (in entsprechender Größe und Festigkeit für Fußboden und Mobiliar)
• 2 Rollen Tesakrepp (50 mm breit)
• Schere
• Kombizange und Schraubendreher (um Nägel, Dübel und Schrauben zu entfernen)
• 1 Trittleiter (zur Demontage von Hängelampen, Wandleuchten und Vorhangstangen)
• 1 Sackkarre oder Rollwagen (»Hund«), um schwere Möbelstücke zu verrücken

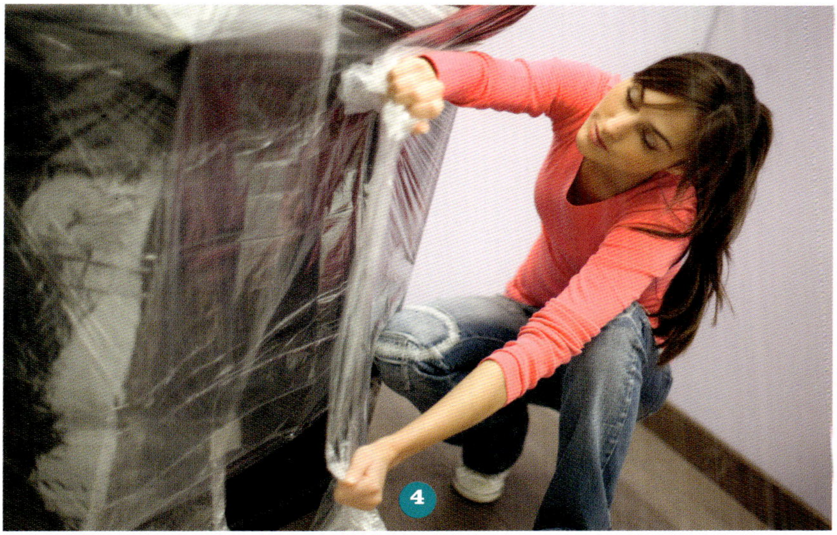

ERSTE ETAPPE FÜR ERFOLGREICHES ARBEITEN: DAS ZIMMER, DAS GESTRICHEN WIRD, GUT ABDECKEN. DIESER ARBEITSGANG KANN IN GROSSEN ODER DICHT MÖBLIERTEN UND AUSGESTATTETEN RÄUMEN EINIGE ZEIT IN ANSPRUCH NEHMEN.

1

Sämtliche Schränke und Kommoden ausräumen, den Inhalt in Kartons verstauen und in anderen Zimmern unterbringen.

2

Bilder, Spiegel, Regale, Wand- und Hängelampen demontieren. Die Vorhangstangen beidseitig abschrauben und abnehmen. (1)

3

Die Möbel in der Zimmermitte zusammenstellen. Für den Transport schwerer Möbelstücke einen Rollwagen (»Hund«) benutzen.

4

Die Möbel mit einer leichten Plastikfolie überdecken.

5

Das Zimmer sorgfältig von Staub und Schmutz befreien – einschließlich Fußleisten, Heizungskörper und Lichtschalter. Fenster putzen.

6

Fußboden schützen: Eine breite Plastikfolie bis zu einer Entfernung von 3 Metern von sämtlichen Wänden ausbreiten. Diese rundherum mit Klebeband befestigen und dabei stramm ziehen. Einen optimalen Schutz des Fußbodens erzielt man mit einer stärkeren Folie, die mit Tesakrepp an der Möbelfolie, an den Sockelleisten oder auf ein vorher ausgelegtes Klebeband (siehe Tipps und Tricks) fixiert wird.

7

Lichtschalter, Fuß- bzw. Sockelleisten und Steckdosen mit Tesakrepp abkleben.

*****

Ist der Zimmerboden mit einem weichen Belag (z. B. Linoleum) ausgelegt, darauf achten, dass die Möbel durch das Hin- und Herschieben keine tiefen Spuren hinterlassen. Abhilfe schaffen Kartonabschnitte, Filzgleiter oder Gummipuffer, die unter den Möbelfüßen befestigt werden. Am besten werden die Möbel während der Malerarbeiten ganz aus dem Zimmer entfernt.

(1) Siehe »Anbringung einer Gardinenstange«, um die Vorhangstange abzunehmen.

Tipps & Tricks

Nach gründlicher Reinigung des Zimmers kann man exakt unterhalb der Wände ein Klebeband auf den Boden aufbringen. Danach die Schutzfolie für den Fußboden mit Tesakrepp auf diesem Klebeband fixieren. Das erleichtert das Wechseln der Folie, sollte das während der Malerarbeiten nötig werden.

Wände und Decken ablaugen

Handwerkszeug und Material

- 1 Eimer
- 1 Spezialschwamm für grobe Arbeiten
- 1 Packung Seifenlauge (flüssig oder in Pulverform) für Malerarbeiten
- 1 Putztuch
- 1 Schrubber
- 1 Trittleiter
- 1 großer Ringpinsel mit Holzgriff (60–70 mm Ø)
- 1 Sprühflasche
- 1 Schleifklotz, handlich
- Schleifpapier, fein (zur Auflage auf den Schleifklotz)
- 1 Knäuel feste Schnur
- Arbeitskleidung (bequeme, unempfindliche Kleidung, Gummihandschuhe und Schutzbrille)
- 1 Plastikhaube (zum Schutz der Frisur)

VOR EINEM NEUANSTRICH VON WÄNDEN UND DECKEN MÜSSEN DIESE ABGELAUGT WERDEN. DURCH DIE GRÜNDLICHE REINIGUNG WERDEN SCHMUTZ- UND FETTFILME GELÖST. ERST DANN HAFTEN SPACHTELMASSE UND FARBE ZUVERLÄSSIG.

Los geht's

Mit dem Ablaugen am besten am Morgen beginnen. Für ein Zimmer von 30 m^2 rechnet man mit einer Vorbereitungs- und Reinigungszeit von einem Tag. (1)

1

Das zu reinigende Zimmer sorgfältig vorbereiten und empfindliche Oberflächen schützen. (2)

2

Mit Schleifklotz und Schleifpapier Flecken und Schmutz trocken abreiben.

3

Seifenpulver in einen Eimer mit warmem Wasser geben. Die richtige Konzentration der Seifenlauge richtet sich nach der Gebrauchsanleitung auf der Packung.

4

Die Arbeit beginnt mit der Decke: Das Putztuch um den Schrubber wickeln, gründlich in die Seifenlauge tauchen und abtropfen lassen.

5

Auf die Trittleiter steigen und die Decke systematisch abwaschen. Dabei Tuch und Schrubber so oft in die Lauge tauchen, dass sich Schmutz- und Fettrückstände gründlich auflösen.

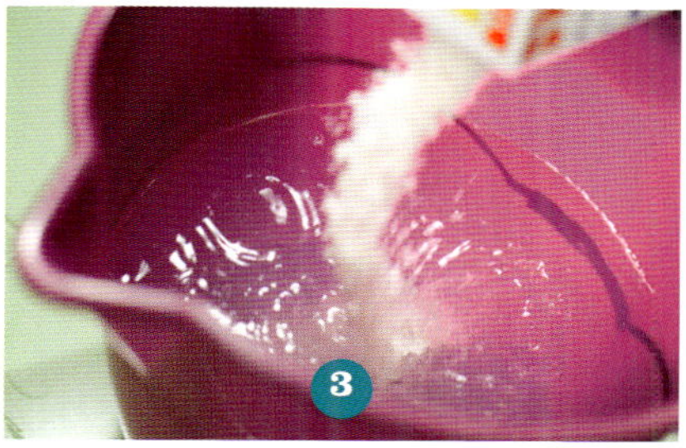

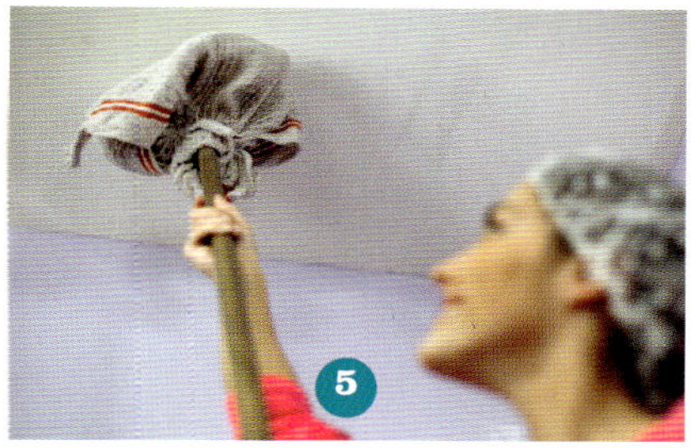

6

Anschließend die Wände abwaschen. Erneut einen Eimer mit frischer Seifenlauge in entsprechender Konzentration mit heißem Wasser anrichten. Nur so lösen sich Schmutz und Fett restlos. Anschließend die Wände von oben nach unten mit einem großen Schwamm fest abreiben. Dabei die Rückseiten der Heizkörper nicht vergessen. Trocknen lassen.

7

Sind die Zimmerecken stark verschmutzt, diese mit Seifenlauge besprühen und anschließend mit einem Ringpinsel abstreichen. Auf diese Weise werden auch kleine Zwischenräume sauber.

(1) Siehe »Das Zimmer vorbereiten«.
(2) Siehe »Das Zimmer vorbereiten«.

Tipps & Tricks

Vor dem Ablaugen die Stulpen der Gummihandschuhe mit einem elastischen Band fest um die Unterarme befestigen. Auf diese Weise kann kein Seifenwasser in die Gummihandschuhe dringen.

*

Ein Mauerloch verspachteln

Handwerkszeug und Material

- Rechteckiges Gefäß aus Plastik oder Blech
- Reparaturspachtel in Pulverform zum Anrühren (oder eine Dose Fertigspachtel)
- Glättspachtelpulver (oder eine Dose Fertigglättspachtel)
- 2 Japan- oder auch Malerspachtel unterschiedlicher Größe (kleiner Spachtel mit einer Breite von 100 mm, großer Spachtel 200 mm)
- 1 Dreikantschaber
- 1 Kombizange
- 1 Hammer
- 1 Schleifklotz
- Schleifpapier für den Schleifklotz
- 1 Lappen
- 1 großer Ringpinsel
- 1 Staubbürste (rechteckig)
- Arbeitskleidung, bequem (mit Gummihandschuhen und Schutzbrille)
- 1 Plastikhaube (zum Schutz der Haare)

NACH DEM ABLAUGEN UND ABTROCKNEN EINER WAND WERDEN UNEBENHEITEN UND FEHLSTELLEN DEUTLICH SICHTBAR. UM DIESE AUSZUBESSERN UND FÜR EINEN FARBAUFTRAG VORZUBEREITEN, MÜSSEN LÖCHER GESCHLOSSEN UND DIE AUSGEBESSERTEN FLÄCHEN GEGLÄTTET WERDEN.

Los geht's

Vor Arbeitsbeginn die auszubessernden Wände sorgfältig prüfen. Sie sollten sauber sein und keine Nässe- oder Feuchtigkeitsspuren aufweisen. Für das Ausbessern mit Spachtelmasse dürfen die Löcher in der Wand nicht tiefer als 3 cm und breiter als 15 cm sein.

1

Vor dem Verfüllen der Löcher müssen diese sorgfältig mit Pinsel und Bürste von Staub und losen Teilen befreit werden. Anderenfalls haftet die Spachtelmasse schlecht.

2

Vorbereitung des Lochs: Die Ränder müssen sauber und glatt sein. Zu diesem Zweck alte, lose Farb- oder Spachtelreste mithilfe eines Dreikantschabers lösen und das Loch auskratzen, bis es eine konische Form hat. Die Ränder glatt schleifen.

3

Soll eine Spachtelmasse in Pulverform zum Selbstanrühren verwendet werden, diese in dem Gefäß mit Wasser so lange vermischen, bis sich alle Klümpchen aufgelöst haben. Die Masse sollte die Konsistenz einer öligen Paste haben. (Hierzu die Gebrauchsanweisung auf der Packungsbeilage beachten.) Mit dem Schwamm den auszubessernden Bereich leicht anfeuchten, damit die Spachtelmasse besser haftet.

Tipps & Tricks

Für feuchte Räume gibt es in großen Baumärkten eine speziell abgestimmte, Wasser abweisende Spachtelmasse.

*

SOS

Du hast eine Wand ausgebessert, die Spachtelmasse ist trocken, und du entdeckst einige Grate oder Riefen überschüssiger Spachtelmasse an den Rändern – Kantenspuren des Spachtels.

Um diese Fehlstellen auszubessern, die überschüssige trockene Spachtelmasse mit einem sauberen Spachtel abkratzen und anschließend die raue Oberfläche mit Schleifklotz und Schleifpapier glätten.

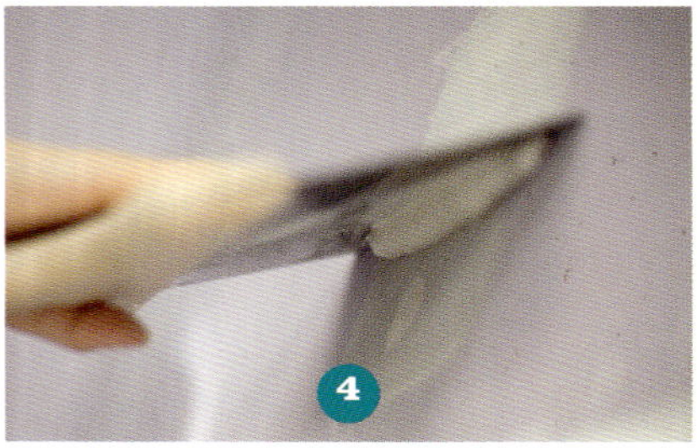

4

Spachtelmasse auf den größeren der beiden Spachtel geben, der praktisch als Malerpalette dient. Mit dem kleinen Spachtel die Masse vom Rand in die Mitte des Lochs abstreichen, bis es vollständig gefüllt ist. Bei dieser Technik kann sich kaum eine Luftblase im Inneren des Lochs bilden.

5

Ist das erste Loch geschlossen, die Spachtel mit Wasser reinigen und mit dem Lappen abtrocknen, bevor die nächste Fehlstelle ausgebessert wird. Sind sämtliche Löcher verfüllt, die Spachtelmasse trocknen lassen, bis sie eine durchgehend weiße Farbe angenommen hat.

6

Ist der Reparaturspachtel getrocknet, Unregelmäßigkeiten in der Oberfläche mit dem Schleifblock glätten.

7

Anschließend im Mischgefäß den Glättspachtel nach Gebrauchsanweisung anrühren. Auch diesen sehr gründlich durchmischen, um Klümpchenbildung zu vermeiden.

8

Verwendet man eine Fertigglättspachtelmasse, wird diese mit Walze und Schaber aufgetragen. Die Werkzeuge sollten in der Packung enthalten sein.

9

Nun werden die ausgebesserten Wandbereiche mit Glättspachtel behandelt. Dazu einen großen Japanspachtel verwenden und mit ihm die Masse dünn, gleichmäßig und in eine Richtung (entweder horizontal oder vertikal) auftragen. Falls das Ergebnis noch nicht zufriedenstellend ist, den Vorgang wiederholen. Dabei auf horizontal aufgebrachte Lagen vertikale Schichten auftragen und umgekehrt.

10

Nun ist es wichtig, dass die erste Lage Spachtelmasse gut austrocknet.

*

Sind die Ausbesserungsarbeiten beendet, können das Mischgefäß und die Spachtel mit Wasser abgewaschen werden. Falls viel Spachtelmasse übrig bleibt, schütte diese weder in die Toilette noch ins Waschbecken, sonst verstopfen die Abflüsse! Besser ist es zu warten, bis die Masse vollkommen getrocknet ist. Anschließend in kleine Stücke brechen und in einer Plastiktüte mit dem Hausmüll entsorgen.

Tipps & Tricks

Muss ein größeres Loch in einer Hohlwand verfüllt werden, hilft es, zuerst eine Kugel zerknülltes Zeitungspapier hineinzugeben und dann Reparaturspachtel darüberzufüllen. Auf diese Weise wird verhindert, dass die Spachtelmasse ins Loch sinkt.

*

SOS

Deine Wände haben Schimmelflecken und feuchte Stellen?

–

Fülle Löcher nicht, bevor die Ursache dieser Fehlstellen gefunden ist. Es kann sein, dass die Wand zu wenig belüftet ist (was zur Folge hat, dass die Feuchtigkeit nicht entweichen kann) oder dass es ein Leck gibt oder Wasser auf andere Weise in die Wände eindringen kann. In jedem Fall ist es wichtig, einen Profi zurate zu ziehen.

*

Einen Mauerriss ausbessern

Handwerkszeug und Material

- 1 rechteckiger Plastikeimer (Malereimer) mit Skaleneinteilung
- Reparaturspachtelmasse (oder eine Dose Fertigreparaturspachtelmasse)
- Glättspachtelpulver (oder eine Dose Fertigglättspachtel)
- 2 Spachtel unterschiedlicher Größe (ein kleiner von 100 mm und ein großer von 200 mm)
Für folgende Arbeiten eignen sich vor allem die sogenannten »Japanspachtel«.
- 1 Dreikantschaber
- 1 Staubbürste
- 1 großer Ringpinsel
- Reparaturband zur Rissüberbrückung von 50 mm Breite
- Arbeitskleidung (bequeme, unempfindliche Kleidung, Gummihandschuhe und Schutzbrille)
- 1 Plastikhaube zum Schutz der Haare

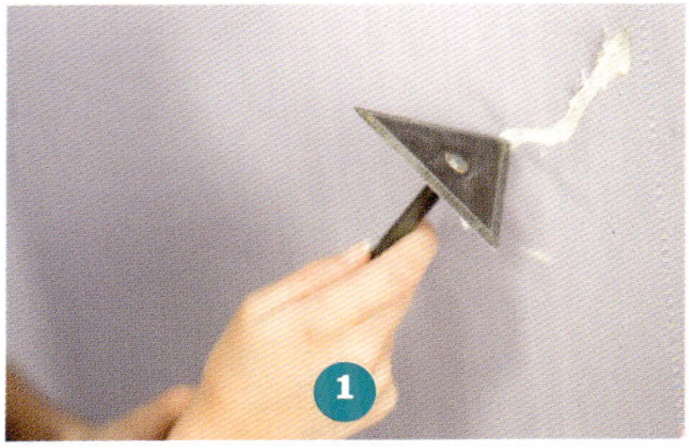

LETZTER ARBEITSGANG VOR DEM STREICHEN VON WÄNDEN UND DECKE IST DAS AUSBESSERN VON MAUERRISSEN, DIE DURCH ERSCHÜTTERUNGEN ODER UNMERKLICHE VERSCHIEBUNGEN ENTSTANDEN SIND. DIESE RISSE HABEN DIE EIGENSCHAFT, SICH IM LAUF DER ZEIT AUSZUDEHNEN. SIE WERDEN NICHT ALLEIN DURCH SPACHTELMASSE AUSGEFÜLLT, DA DIESE EBENFALLS RISSE BILDEN KANN. EIN SPEZIELLES GEWEBE-REPARATURBAND EIGNET SICH HIERFÜR BESSER, SEINE ELASTIZITÄT PASST SICH DEN VERÄNDERUNGEN DER RISSE AN.

1

Mit dem Dreikantschaber den Mauerriss leicht erweitern. Er muss eine gewisse Breite erreichen, um Spachtelmasse aufnehmen zu können. Wird sie in zu geringer Menge aufgebracht, haftet sie schlecht auf dem Untergrund.

2

Die Randbereiche des Risses mit Schleifpapier bearbeiten, um scharfe Kanten auszugleichen. Mit einer Bürste Staub-, Verputz- und Farbreste entfernen.

3

Eine ausreichende Menge des Spachtelpulvers für Ausbesserungsarbeiten im Mischgefäß mit Wasser anrühren. Gut mischen und glatt rühren, damit keine Klümpchen entstehen. (Entsprechend der beiliegenden Gebrauchsanleitung arbeiten.)

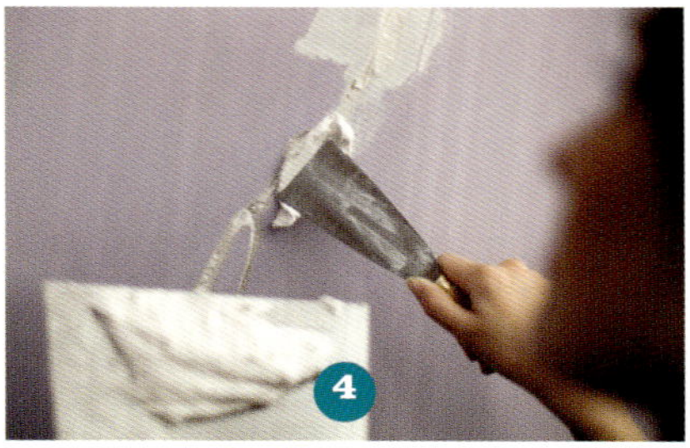

Tipps & Tricks

Verläuft der Riss unregelmäßig, mehrere Abschnitte Reparaturband abschneiden. Die Länge der Bänder den einzelnen Partien des Mauerrisses anpassen. Die Bänder dann nacheinander über den Riss geben, um ihn lückenlos zu überdecken. Die Kanten des Bandes sollten sich dabei überlappen.

*

4

Auf den größeren Spachtel eine kleine Menge Spachtelmasse wie auf eine Malerpalette geben. Mit dem kleineren Spachtel den Riss von der Mitte aus mit Spachtelmasse komplett füllen. Mit dieser Technik verhinderst du, dass sich im Inneren des Risses Luftblasen bilden.

5

Ein Stück Reparaturband in einer Länge abschneiden, die zu beiden Seiten 2 cm über die Risskanten hinausreicht.

6

Den Bandabschnitt auf die noch feuchte Spachtelmasse mittig aufbringen. Das Band sollte sowohl die Rissbreite als auch die -länge ca. 2 cm überdecken.

7

Das Reparaturband gut andrücken, damit die Spachtelmasse in das Bandgewebe eindringt, um eine innige Haftung zu ermöglichen.

8

Nachdem die Reparaturspachtelmasse vollständig ausgetrocknet ist, oberflächliche Unebenheiten mit Schleifpapier ausgleichen.

9

Im Mischgefäß den Glättspachtel nach beiliegender Gebrauchsanweisung zubereiten. Gut mischen, um Klümpchenbildung zu unterbinden. Ein fertiger Glättspachtel ist ebenfalls empfehlenswert. Er wird mit Walze und Schaber auf der Oberfläche verteilt, beides ist normalerweise in der Packung enthalten.

10

Auf alle ausgebesserten Risse mit dem großen Japanspachtel eine dünne Schicht Glättspachtel gleichmäßig verteilen. Die Spachtelmasse soll eventuell aufgebrachte Reparaturbänder vollkommen überdecken.

Zimmerwände streichen

Handwerkszeug und Material

- 1 oder mehrere Dosen oder Eimer Grundierfarbe
- 1 oder mehrere Eimer Wandfarbe (vorzugsweise in matter Qualität für die Decke und seidenmatt oder glänzend für die Seitenwände) (1)
- 1 Teleskopstange
- 1 Farbwalze aus Zweikomponenten-Material bestehend aus einer Walze und einem passenden Farbroller-Bügel, der wiederum auf die Teleskopstange passen muss
- 1 Kleinflächenrolle
- 1 Ringpinsel mit Holzstiel
- 1 Gefäß, in das der Pinsel eingetaucht werden kann (zum Beispiel ein Marmeladenglas)
- 1 Abstreifgitter
- 1 rechteckiger Malereimer mit Skaleneinteilung (er sollte breiter als das Abtropfgitter und die Farbwalze sein)
- 1 Trittleiter
- Arbeitskleidung (bequeme, unempfindliche Kleidung, Gummihandschuhe und Schutzbrille)
- 1 Plastikhaube (zum Schutz der Haare)

IST DAS ZIMMER SORGFÄLTIG ABGEDECKT? SIND DIE WÄNDE ABGELAUGT, AUSGEBESSERT UND GLATT? DANN KÖNNEN DIE MALER-ARBEITEN BEGINNEN! DEN ANFANG MACHT STETS DIE DECKE, UM FARBSPRITZER AN DEN WÄNDEN ZU VERMEIDEN. ANSCHLIESSEND DIE WÄNDE EINMAL ÜBERSTREICHEN, UM GLATTE, IN FARBE UND TEXTUR EINHEITLICHE FLÄCHEN ZU ERZIELEN.

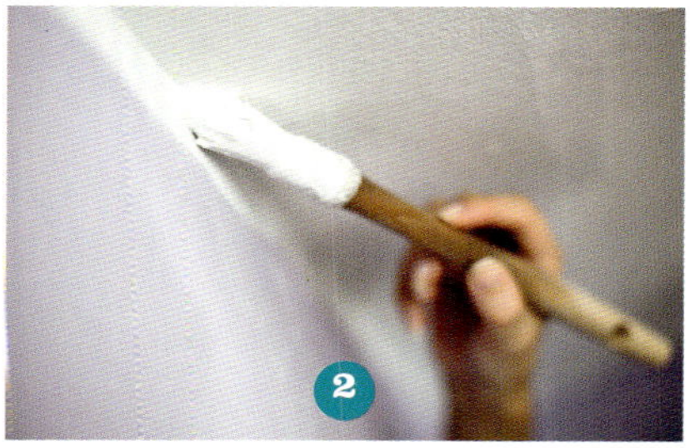

Los geht's

Vor Arbeitsbeginn die Farbe gut durchrühren, um eine gleichmäßige Durchmischung der Farbpigmente zu erreichen.

–

Für eine gute Durchlüftung des Zimmers sorgen, sie beschleunigt das Austrocknen.

–

Am besten ist es, gleich morgens anzufangen, um so lange wie möglich bei Tageslicht arbeiten zu können.

–

Den Ringpinsel in einem Glas mit Wasser einweichen, damit der Holzstiel leicht aufquillt und die Pinselhaare besser hält. Auf diese Weise hinterlässt der Pinsel beim Streichen keine Haare in der Farbe.

–

Den Metallring des Pinsels mit Kreppband abkleben, damit die Farbe nicht über den Pinselstiel herunterrinnen kann.

1

Als Erstes wird eine Grundierung aufgetragen. Diese ist eine wichtige Voraussetzung für ein optimales Resultat, denn sie garantiert eine gute Haftung der Farbe auf dem Untergrund. Vorsichtig auf die Leiter steigen, mit den Ecken beginnen und einmal rundherum streichen. Die Grundierung zuerst mit dem Ringpinsel in den oberen Ecken auftragen und anschließend mit der Kleinflächenrolle rundherum glatt auftragen.

2

Ist die Farbe in einem schmalen Streifen einmal rundherum aufgetragen, den Ringpinsel und den kleinen Roller gründlich mit Wasser reinigen, in einen Plastikbeutel geben und verschließen: Damit verhindert man ein Trocknen der Pinselhaare bis zum nächsten Einsatz.

3

Um die Decke fertig zu grundieren, die große Farbwalze auf den Steckbügel und anschließend auf die Teleskopstange stecken.

(1) Für die Auswahl der Farbe und der benötigten Farbmenge siehe »Spachtelmasse und Wandfarbe wählen«.

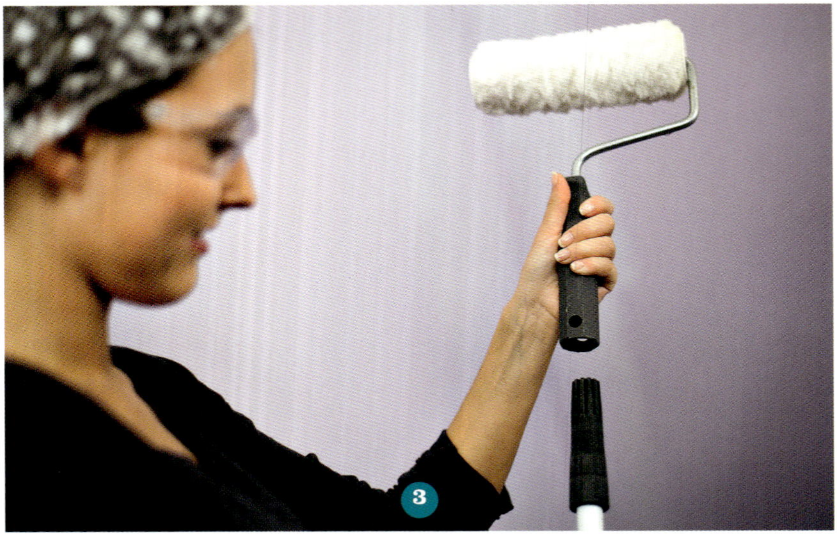

Tipps & Tricks

Bei einer neuen Farbwalze besteht die Gefahr, dass sie Fusseln abgibt. Sie lassen sich wirksam entfernen, indem du die Rolle mit Kreppband umwickelst und es anschließend mit einem Ruck abziehst: Die Fusseln bleiben am Kreppband zurück und landen nicht im Farbeimer.

*

4

Das Abstreifgitter in den Malereimer (oder unmittelbar in den Behälter mit Grundierung) einhängen. Den Malereimer bis zur Hälfte mit Grundierung füllen. Die Farbwalze eintauchen, anschließend über das Gitter rollen und abstreifen.

5

Ausgehend von einer Deckenecke die Farbwalze mit der Grundierung über die Länge der Decke rollen. Darauf achten, stets denselben Druck auf die Walze auszuüben, um auf diese Weise einen gleichmäßigen Farbauftrag zu erzielen.

6

Anschließend die Wände in gleicher Weise wie die Decke grundieren. Zuerst wird die Grundierung im gesamten Kantenbereich mit dem Ringpinsel aufgetragen und anschließend mit dem kleinen Farbroller glatt gestrichen. Mithilfe der großen Farbwalze an der Teleskopstange schließlich die Wandflächen streichen.

8

7

Ist die Grundierung gleichmäßig auf Decken- und Seitenwänden aufgetragen und gut ausgetrocknet, geht man zum eigentlichen Farbauftrag über. Die Vorgehensweise ist dabei dieselbe wie bei der Grundierung (Arbeitsschritte 1 bis 5).

8

Ist die Deckenfarbe getrocknet, kommt als Nächstes die Farbe an die Wände. Zuvor die Deckenkante durch Aufbringen eines Tesakreppbandes schützen.

9

Alles, was nicht mehr gestrichen werden oder eine andere Farbe erhalten soll als die Wände (Tür- und Fensterrahmen, Fußleisten, Lichtschalter, Steckdosen, Deckenumrandung und weitere Übergänge), ebenfalls abkleben.

10

Den Malereimer zur Hälfte mit Farbe auffüllen.

Tipps & Tricks

Wenn du die Malerarbeiten am nächsten Tag fortsetzt, sollte die restliche Farbe über Nacht luftdicht mit einer Plastiktüte verschlossen werden: Nur wenn die Farbe nicht mehr mit Luft in Kontakt kommt, behält sie ihre geschmeidige Konsistenz.

*

Tipps & Tricks

Soll eine rote Wand weiß gestrichen werden? Um ein reines Weiß zu erzielen, zuerst eine Schicht Grau auftragen, das neutralisiert die Rot-Pigmente. Trägt man nämlich nur zwei Schichten Weiß auf eine rote Wand auf, ist das Ergebnis keine weiße, sondern eine leicht rosa getönte Wand.

*

11

Als Erstes mit einem spitzen Ringpinsel die oberen Deckenkanten streichen und anschließend mit einem schmalen Farbroller weiterstreichen.

12

Mit derselben Technik anschließend die Farbe entlang der Zimmerecken, um die Lichtschalter und Steckdosen sowie Fußleisten und Tür- und Fensterrahmen auftragen.

13

Danach die großen Flächen mithilfe der Teleskopstange und der großen Farbwalze streichen. Den Roller oben an der Wandkante ansetzen und über die gesamte Wandhöhe nach unten rollen. Dabei für einen einheitlichen Farbauftrag stets einen gleichmäßigen Druck auf die Walze ausüben.

14

Für den Farbauftrag auf kleinen oder schwer zugänglichen Flächen den kleinen Farbroller ohne Teleskoprohr benutzen. Diese Flächen senkrecht und horizontal deckend malen.

15

Den ersten Farbanstrich gut trocknen lassen. Anschließend eine zweite Farbschicht wie in den Arbeitsschritten 10 bis 14 aufbringen.

16

Nach Ende der Malerarbeiten sämtliche Utensilien gründlich reinigen. Acrylfarben lassen sich mit Wasser und Seife auswaschen. Die Pinsel in jedem Fall aufrecht, mit dem Stiel nach unten aufstellen und trocknen lassen, damit sich die Borsten nicht verformen.

Tipps & Tricks

Als Deckenfarbe ist Weiß eine gute Entscheidung: Es lässt jeden Raum heller erscheinen. Auch müssen bei Weiß die oberen Wandränder nicht vor Arbeitsbeginn mit Tesakrepp abgeklebt werden. Denn da man als Nächstes auf die Wände eine weiße Grundierung aufträgt, ist es beim Streichen der Decke nicht schlimm, wenn Farbe auf die Wandflächen gerät.

*

Fenster und Türen streichen

Handwerkszeug und Material

- 1 Kleinflächenwalze für Lackierarbeiten mit geringer Florhöhe (100 mm breit)
- Schleifpapier (Körnung 60–80 und 120–160)
- Stahlwolle (passt sich wechselndem Untergrund besser an als Schleifpapier)
- 1 Abtropfgitter
- 1 kleine Farbwanne mit Abtropfvorrichtung
- 1 Eimer
- 1 Spezialschwamm für Malerarbeiten
- Seifenlauge für Malerarbeiten (flüssig oder in Pulverform)
- 1 Staubtuch
- Kraftpapier (oder Zeitungspapier)
- 1 Rolle Tesakrepp, breit (50 mm)
- 1 oder mehrere Dosen Grundierung
- 1 oder mehrere Lackdosen (glänzend oder seidenmatt, je nach Wunsch) (1)
- ein Gefäß zum Einweichen der Farbwalze (zum Beispiel ein Marmeladenglas)
- 1 Trittleiter
- Lösungsmittel (nur wenn eine Grundierung aufgebracht wird)
- Arbeitskleidung (bequeme Kleidung, Gummihandschuhe und Schutzbrille)
- Plastikhaube zum Schutz der Haare

TÄGLICHES ÖFFNEN UND SCHLIESSEN, ABRIEB, AUFQUELLEN DES HOLZES DURCH FEUCHTIGKEIT ... FENSTER UND TÜREN SIND STÄNDIGEN BELASTUNGEN AUSGESETZT. UM EIN ABBLÄTTERN DER LACKIERUNG ZU VERMEIDEN, WIRD DER LACK SEHR SPARSAM IN ZWEI DÜNNEN SCHICHTEN MIT EINER SPEZIALWALZE ODER EINEM PINSEL FÜR LACKARBEITEN AUFGETRAGEN.

Los geht's

Türen und Fenster bekommen schnell Schleif- und Kratzspuren oder unschöne Fingerabdrücke. Für einen Neuanstrich sind daher glänzende oder seidenmatte Lacke empfehlenswert. Gegenüber matten Farben ist mit ihnen die Oberflächenpflege einfacher.

–

Kunststoff- oder Aluminiumfenster benötigen spezielle Haftgrundierungen und Lacke. Bei Fenstern aus frischem Holz haftet die Farbe nicht immer sofort. Aus diesem Grund ist vor der Lackierung ein Erstanstrich mit einem Haftgrund nötig. Für die Innenseiten wasserlösliche Lacke verwenden, um die Gesundheit nicht zu gefährden.

1

Als Erstes Fenster und Türen aus Holz ablaugen (2). Abblätternden Lack mit einer scharfen Spachtelklinge entfernen. Den Rest abbeizen. Beschädigungen mit Holzspachtelmasse ausbessern. Anschließend abschleifen, zunächst mit grobem Schleifpapier der Körnung 60–80, abschließend mit Schleifpapier der Körnung 120–160, für eine gleichmäßige Oberfläche. Staub danach gründlich entfernen und die Scheiben (außen wie innen) reinigen. Kunststoff- und Aluminiumfenster mit sehr feinem Schleifpapier aufrauen.

2

Die Scheiben anschließend mit Kraftpapier und Tesakrepp überkleben, damit die Farbe nicht ins Glas läuft. Bei Türen werden Griffe und Angeln auf dieselbe Weise geschützt. Bei Kunststofffenstern auch die Gummileisten abkleben.

(1) Was die Farbauswahl und die benötigte Menge betrifft, siehe »Spachtelmasse und Wandfarbe wählen«.
(2) Siehe »Wände und Decken ablaugen«.

3

In die Farbwanne eine kleine Menge Haftgrund oder Farbe geben. Den spitzen Ringpinsel und die Malerrolle eintauchen und abstreifen.

4

Wenn der Haftgrund aufgetragen und getrocknet ist, Fenster und Türen nochmals mit fein gekörntem Schleifpapier bearbeiten, Staub gründlich entfernen und anschließend lackieren. Hierbei mit dem Pinsel die schmalen Leisten vorstreichen und anschließend die breiteren Flächen mit dem Farbroller für Lacke behandeln.

5

Vor dem zweiten Farbauftrag sollte die erste Farbschicht gut ausgetrocknet sein.

*****

Fertig? Dann gleich Roller, Abtropfgitter und Farbwanne sorgfältig reinigen. Bei Acrylfarbe genügen hierzu Wasser und Seife.

*

Heizkörper lackieren

Handwerkszeug und Material

- Schleifpapier (Körnung 60–80 und 120–160)
- Stahlwolle (passt sich wechselndem Untergrund besser an als Schleifpapier)
- Drahtbürste (4-teiliges Set empfehlenswert)
- 1 kleiner Spezialroller für Heizkörper mit langem Steckbügel
- 1 Farb- oder Effekthandschuh
- 1 Heizkörperpinsel (Plattpinsel mit Krümmung am Ende)
- 1 Abstreifgitter
- 1 Farbwanne mit Abstreifvorrichtung
- 1 Eimer
- 1 Schwamm
- 1 Packung Seifenlauge (flüssig oder in Pulverform)
- Gefäß zum Einweichen der Malerutensilien (zum Beispiel ein Marmeladenglas)
- 1 oder mehrere Dosen Heizkörperlack
- 1 Pappkarton in Breite und Höhe des zu streichenden Heizkörpers
- Arbeitskleidung (bequeme, unempfindliche Kleidung, Gummihandschuhe und Schutzbrille)
- 1 Plastikhaube zum Schutz der Haare

DER LACK DER HEIZKÖRPER MUSS VIEL AUSHALTEN, DENN ER IST STARKEN TEMPERATURSCHWANKUNGEN AUSGESETZT. SCHNELL KÖNNEN RISSE UND FARBVERÄNDERUNGEN ENTSTEHEN. AUS DIESEM GRUND STREICHT MAN HEIZKÖRPER MIT EINEM HITZEBESTÄNDIGEN SPEZIALLACK.

Los geht's

Heizkörper am besten im Sommer streichen. Im Winter vor dem Streichen über mehrere Stunden abstellen: Der Heizkörper muss vor dem Streichen vollkommen abgekühlt sein.

–

Heizkörper von Elektroheizungen nicht streichen!

–

Die Armaturen eines Heizkörpers nicht streichen, sie können sonst verkleben.

1

Wenn nötig abblätternde Farbe und Rost am Heizkörper mit Schleifpapier oder Drahtbürste entfernen. Feste Farbflächen mit Schleifpapier aufrauen und den Schleifstaub (mit dem Staubsauger oder einem feinen Handbesen) entfernen.

2

Im Eimer eine kleine Menge Seifenlauge je nach Gebrauchsanweisung mit heißem Wasser mischen.

3

Gummihandschuhe anziehen, den Schwamm in die Lauge tauchen und den Heizkörper gründlich ablaugen. Unzugängliche Bereiche, in denen sich Staub sammelt, dabei besonders sorgfältig behandeln.

4

Die Farbwanne zur Hälfte mit dem Speziallack füllen.

5

Ist der Heizkörper trocken, den Pappkarton zwischen Wand und Heizkörper schieben, um Farbspritzer an der Wand zu vermeiden. Den Boden unter dem Heizkörper ebenfalls abdecken. (1)

6

Den Farbhandschuh überstreifen, in die Farbwanne tauchen und damit einen ersten, sehr dünnen Farbauftrag aufbringen.

7

Farbe mit dem Heizkörperpinsel glätten und verstreichen. Den ersten Farbanstrich gründlich trocknen lassen.

8

Die Arbeitsgänge 4 bis 7 bei einem zweiten Farbauftrag wiederholen. Auch diese Schicht wie die erste mit dem Heizkörperpinsel glätten und verstreichen.

*

Sind die Heizkörper vollständig gestrichen, Farbroller, Farbwanne und Pinsel gründlich reinigen und den Farbhandschuh einweichen. Bei Acrylfarben genügen hierfür Wasser und Seife.

(1) Siehe »Das Zimmer vorbereiten«.

Tapeten entfernen

Handwerkszeug und Material

- Schleifpapier
- 1 Flasche Tapetenablöser
- 1 Sprühflasche
- 1 großer Schwamm
- 1 Trittleiter
- 1 Stiel- oder Malerspachtel
- Arbeitskleidung (bequeme, unempfindliche Kleidung, Gummihandschuhe und Schutzbrille)
- Atemmaske (um ein Einatmen ungesunder Dämpfe zu vermeiden)
- 1 Plastikhaube (zum Schutz der Haare)

BEVOR EIN ZIMMER NEU TAPEZIERT WERDEN KANN, MUSS DIE ALTE TAPETE ABGENOMMEN WERDEN. WIRD DIESER ERSTE ARBEITSGANG ÜBERGANGEN, RISKIERT MAN, DASS DIE NEUE TAPETE WELLEN SCHLÄGT UND SICH ABLÖST.

Los geht's

Am besten ist es, Tapete bei Tageslicht abzunehmen. Aus Sicherheitsgründen muss außerdem der elektrische Strom im betreffenden Zimmer abgestellt werden. Wird in fensterlosen Räumen (Badezimmer oder WC) die Tapete entfernt, sollte man mit einer Stehlampe oder Arbeitslampe für sehr gute Lichtverhältnisse sorgen.

–

Vor Arbeitsbeginn sollte das Zimmer gut abgedeckt (1) und sämtliche Nägel, Reißzwecken und Mauerhaken in den Wänden entfernt werden. (2)

1

Mithilfe des Schleifpapiers die zu entfernende Tapete aufrauen. Dies ist unbedingt nötig, damit der Tapetenablöser tief in die Tapete eindringen kann.

2

Atemmaske anlegen. Tapetenablöser nach Gebrauchsanweisung vorbereiten und in die Sprühflasche füllen.

(1) Siehe »Das Zimmer vorbereiten«.
(2) Siehe »Einen Mauerriss ausbessern / Ein Mauerloch verspachteln« (Schritt 2 und Tipps und Tricks).

5

6

SOS

Soll eine Wasser abweisende Tapete, zum Beispiel eine Vinyltapete, abgelöst werden, ist Vorsicht geboten. Hier hilft weder Tapetenablöser noch der heiße Dampf aus einem »Dampf-Tapetenablöser«. Das ist ein Fall für den sogenannten Tapetenigel. Mit diesem stachelbewehrten Gerät wird die Tapete perforiert, also bis zur Klebeschicht durchlöchert. Aber Vorsicht: nicht zu rabiat vorgehen, sonst wird der Untergrund beschädigt.

3

Den Tapetenablöser gleichmäßig auf die abzunehmende Tapete aufsprühen – wenn nötig dazu die Trittleiter verwenden. Die Sprühflasche von Zeit zu Zeit schütteln, damit die Flüssigkeit homogen bleibt.

4

Einige Minuten abwarten, bis das Papier die Flüssigkeit vollständig aufgesaugt hat.

5

Den Stielspachtel unter eine der Tapetenbahnen und nach oben schieben, um anschließend die Tapete abziehen zu können.

6

Mit demselben Spachtel die feuchten, noch an der Wand verbliebenen Tapetenfetzen vorsichtig abheben.

7

Lässt sich die Tapete nur schwer lösen oder handelt es sich um mehrere Tapetenlagen übereinander, den Vorgang so oft wiederholen, bis die Wand vollkommen tapetenfrei ist.

Tipps & Tricks

Müssen mehrere Tapetenlagen oder eine dicke Tapete abgenommen werden, ist Wasserdampf die einfachste Methode. Dafür brauchst du einen Dampf-Tapetenablöser. Das Gerät ist einfach zu handhaben. Es besitzt einen Wasserbehälter und einen Dampfaufbereiter. Der Dampf wird durch einen Schlauch in einen Sprühaufsatz geleitet und von dort auf die perforierte Tapete verteilt. Für den Gebrauch einfach den Vorratsbehälter mit frischem Wasser auffüllen, das Gerät einschalten und warten, bis sich Dampf entwickelt. Anschließend den Sprühaufsatz gegen die Wand halten. Sobald die Tapete Blasen schlägt, lässt sie sich mit einem Spachtel abheben.

*

Wände tapezieren

Handwerkszeug und Material

- 1 Tapeziertisch von ausreichender Länge für die entsprechenden Tapetenbahnen
- 2 Eimer
- 1 oder mehrere Packungen Tapetenkleister, geeignet für die ausgewählte Tapete. Ein Universal-Tapetenkleister genügt in den meisten Fällen. Einige Tapeten benötigen jedoch einen Spezialleim (zum Beispiel Vinyltapeten).
- 1 Holzkochlöffel zum Anrühren des Leims
- 1 Rollmaßband
- 1 Bleistift
- 1 Wasserwaage
- 1 großes Lineal
- 1 Kleisterbürste
- 1 Tapezierbürste; für Vinyltapeten benutzt man einen speziellen Plastikspatel
- 1 Tapetenandrückrolle oder Nahtroller
- 1 Tapetenglätter
- 1 Tapetenlineal
- 1 Schwamm
- 1 Tapetenmesser
- 1 Universalmesser
- 1 Tapezierschere
- 1 Trittleiter
- 1 feiner Pinsel
- Arbeitskleidung (bequeme, unempfindliche Kleidung, Gummihandschuhe und Schutzbrille)

AUF DEN ERSTEN BLICK MAG TAPEZIEREN KOMPLIZIERT ERSCHEINEN. ABER KEINE ANGST: TATSÄCHLICH IST ES AUCH FÜR DEN ANFÄNGER MACHBAR – SOLANGE MAN METHODISCH VORGEHT.

Los geht's

Die zu tapezierenden Wände müssen sauber und glatt sein und keinerlei Haken, Nägel, Löcher, Risse oder Unebenheiten aufweisen. Wenn nötig vor Arbeitsbeginn säubern und ausbessern. (1)

–

Ist der Raum bereits tapeziert, müssen zunächst die alten Tapeten entfernt werden. (2)

–

Wenn möglich, den Tapetenkleister schon 24 Stunden vor Arbeitsbeginn anrühren, um ihn ruhen zu lassen (den Eimer mit dem Kleister luftdicht mit einer Plastiktüte verschließen, sodass die optimale Konsistenz des Kleisters erhalten bleibt).

–

Beim Kauf der Tapete darauf achten, dass alle Tapetenrollen aus den gleichen Produktionszyklen stammen, also dieselbe Chargennummer tragen. Das garantiert, dass sie unter denselben Herstellungsbedingungen entstanden sind und die Farbgebung bei allen Rollen 100 % identisch ist. Im Zweifelsfall lieber eine zusätzliche Rolle kaufen: Es ist immer gut, eine stille Reserve zu besitzen.

Bei der Wahl einer gemusterten Tapete brauchst du mehr Rollen, schließlich soll jede Tapetenbahn im Muster exakt an die Nebenbahn anschließen. Die Tapetenverpackung enthält Hinweise über die Menge, die für die jeweilige Mustervariante gebraucht wird. Bei der Berechnung des Tapetenbedarfs kann das einen großen Unterschied machen (siehe Seite 47).

1

Am Vorabend den Kleister gemäß der Gebrauchsanleitung des Herstellers in einem der beiden Eimer anrühren. Gut durchmischen, um Klümpchenbildung zu vermeiden.

2

Anschließend eine Bleistiftmarkierung für die Ausrichtung der ersten Tapetenbahn ungefähr 20 cm von einer Zimmerecke entfernt anbringen. Hierfür mithilfe der Wasserwaage einen exakt senkrechten Strich anzeichnen, diesen über die gesamte Wandhöhe mit dem großen Lineal verlängern. Die Wandhöhe mit dem Rollmaßband ausmessen.

(1) Siehe »Wände und Decken ablaugen«, »Ein Mauerloch verspachteln«, »Einen Mauerriss ausbessern«.
(2) Siehe »Tapeten entfernen«.

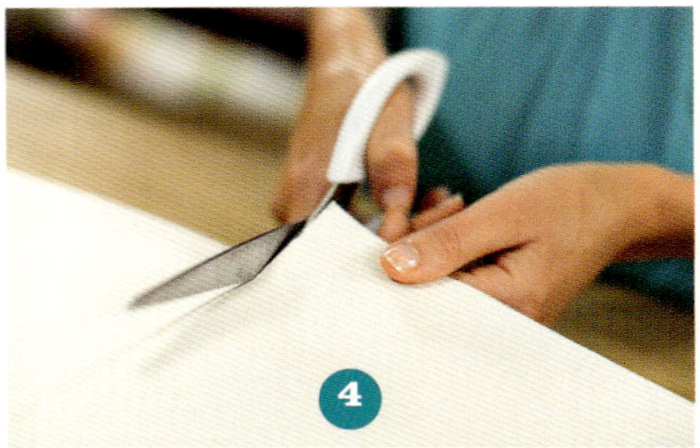

3

Eine Tapetenrolle öffnen und auf dem Tapeziertisch mit der Rückseite nach oben ausrollen, um die erforderlichen Bahnen abzuschneiden. Anschließend die Wandhöhe mit dem Maßband mit einer Zugabe von 10 cm auf der Tapete abmessen.

SOS

Du bringst eine Tapetenbahn an der Wand an und entdeckst in der Mitte eine Falte?

–

Keine Panik! Die Tapetenbahn ist erst in einigen Stunden trocken. Du hast ausreichend Zeit, die Tapetenbahn wieder von der Wand abzunehmen, die Falte auseinanderzuziehen und die Bahn wieder anzubringen.

4

Die erste Tapetenbahn mit der Tapezierschere entlang der eingezeichneten Schnittlinie abschneiden. Diese Tapetenbahn mit dem Bleistift auf der Rückseite nummerieren.

5

Arbeitsschritte 3 und 4 wiederholen, bis sämtliche benötigten Tapetenbahnen für das Zimmer geschnitten sind (Berechnungsmethode siehe S. 47).

6

Für das Anbringen der ersten Bahn die Kleisterbürste in den Eimer mit Kleister tauchen. Den Leim gleichmäßig auf die Bahn von innen nach außen verstreichen und die Enden auf der einen Seite um 1/3 und auf der anderen Seite um 2/3 locker und ohne Falz umschlagen und darauf achten, dass die Längskanten exakt gegeneinanderliegen.

Wie viele Tapetenrollen von 0,53 m Breite und 10,05 m Länge werden benötigt?

1

Zimmerumfang = Zimmerlänge x 2 + Zimmerbreite x 2
Beispiel 2 x 5 m + 2 x 4 m = 18

2

Benötigte Anzahl der Bahnen = Zimmerumfang : 0,53
Beispiel: 18 m (Zimmerumfang) : 0,53 (Rollenbreite) = 33,96

3

Ermittlung der Bahnlänge = Deckenhöhe + 10 cm
Beispiel: 2,90 m (Deckenhöhe) + 0,10 m = 3,00 m

4

Wie viele Bahnen erhältst du aus einer Tapetenrolle?
Tapetenrollenlänge : Bahnlänge
Beispiel: 10,05 m (Rollenlänge) : 3,00 m (Bahnlänge) = 3,35 m
Aus einer Tapetenrolle erhältst du ca. 3 Bahnen.

5

Wie viele Tapetenrollen musst du einkaufen?
Summe der Tapetenrollen = Bahnanzahl : Anzahl der Bahnen, die du von einer Tapetenrolle erhältst.
Beispiel: 34 (Bahnen) : 3 (Bahnen pro Tapetenrolle) = 11,33 m
Du benötigst also mindestens 12 Tapetenrollen.

6

Bei gemusterten Tapeten ist die Menge des Verschnittes größer.
Regel: je größer das Muster, desto größer der Verschnitt.
Beispiel: Ist das Muster kleiner, sollten 2–3 Rollen zusätzlich zu den 12 Tapetenrollen gekauft werden. Größere Muster erfordern Beratung vom Fachpersonal.

8

9

7

Die eingestrichene Bahn einige Minuten einweichen lassen. Währenddessen zwei weitere Bahnen auf dieselbe Weise wie bei Schritt 6 mit Kleister aufleimen.

8

Anschließend die 1. Bahn entlang dem senkrecht angebrachten Strich auf die Wand anbringen. Dazu auf die Trittleiter steigen und die Oberkante der Tapetenbahn mit einem Deckenüberstand von 5 cm an die obere Wandkante anlegen. Dabei darauf achten, dass der Seitenrand der Bahn auf der gesamten Länge exakt mit der Markierungslinie übereinstimmt.

9

Die Bahn vorsichtig nach unten entfalten und sie sorgsam mit der Tapezierbürste von oben nach unten und von der Mitte zu den Seiten hin über eine Länge von 50 cm feststreichen. Anschließend den Rest entfalten – was durch das Tapetengewicht fast von allein geschieht, während die Bahn weiter festgestrichen wird.

Tipps & Tricks

Bevor die Tapetenbahnen mit Kleister eingestrichen werden, den zweiten Eimer mit Wasser füllen und den Schwamm darin einweichen: Müssen Kleisterflecken auf der Außenseite der Tapetenbahn entfernt werden, ist das nötige Handwerkszeug gleich zur Hand.

*

Tipps & Tricks

Bei Problemzonen wie Lichtschaltern oder Steckdosen in der Wand: Strom abschalten, Blenden entfernen und übertapezieren. Bei Schaltern und Steckdosen kreuzweise einschneiden. Sobald der Kleister getrocknet ist, mit dem Universalmesser Schalter und Steckdosen so ausschneiden, dass die entstehende Öffnung später nicht unter der Blende hervorschaut. Anschließend die Blenden wieder darübersetzen.

*

10

Anschließend muss die angebrachte Tapetenbahn geglättet werden, um Luftblasen, die sich unter der Tapete bilden könnten, zu verhindern. Hierzu mit der Tapezierbürste in regelmäßigen Bewegungen von innen nach außen streichen. Handelt es sich um eine Kunststofftapete, benutzt man hierfür einen für diesen Tapetentyp geeigneten Plastikspatel.

11

Bei der 2. Bahn sorgfältig darauf achten, sie an der 1. korrekt auszurichten, anzudrücken und zu glätten, indem die Schritte 8 bis 10 wiederholt werden. Bei einer Tapete mit fortlaufendem Muster (siehe »Los geht's«) auf einen korrekten Versatz achten. Das heißt, die 2. Tapetenbahn genau am Verlauf des Musters der 1. Bahn orientieren.

12

Sind mehrere Bahnen nebeneinander angebracht, die Anschlussränder zwischen den Bahnen mit dem sogenannten Nahtroller glätten. Handelt es sich um eine Profiltapete, ist es ratsam, dieses Werkzeug nicht zu benutzen. Es könnte sein, dass dadurch die Reliefstruktur der Tapete zerstört wird. Die Ränder daher mithilfe der Tapezierbürste glätten.

13

Im Fall von Zimmerecken unterscheidet man Innen- und Außenecken. Bei Innenecken Tapetenbahn so ansetzen, dass diese einen Überstand von maximal 2 cm hat. Diesen Überstand mithilfe des Tapetenglätters um die Ecke herum andrücken. Die folgende Bahn bündig mit der Ecke anbringen. Der Überstand wird dabei »übertapeziert«. Bei Außenecken überlappen sich die Bahnen nicht, sondern treffen passgenau aufeinander.

SOS

Du hast ein Zimmer tapeziert, und alles ist gut gelaufen. Am nächsten Morgen jedoch entdeckst du trotz sorgfältigen Glättens Luftblasen, die sich unter der Tapete gebildet haben!

–

Zum Ausbügeln über der Stelle kreuzförmig mit dem Universalmesser einen winzigen Schnitt anbringen. Ein Stückchen Tapete hochheben, auf der Rückseite mit einem kleinen Pinsel Kleister aufbringen und die Tapete wieder glatt streichen. Die Luftblase ist verschwunden.

14

Sind sämtliche Tapetenbahnen an den Wänden geglättet, die Überstände an Decke und Fußleisten abschneiden. Hierzu den Tapetenglätter als Schneidehilfe in den Ecken oder an den Fußbodenleisten anlegen und den Überstand mithilfe des Universalmessers abschneiden.

*

Fertig? Dann gleich Kleisterbürste und Kleistereimer sorgfältig reinigen.

Wandfliesen verlegen

Handwerkszeug und Material

- Wandfliesen in ausreichender Menge (siehe Seite 53)
- Fliesenkleber in Pulverform oder ein Fertigprodukt (die voraussichtlich benötigte Menge richtet sich nach der Fliesenfläche)
- Fugenmasse (die voraussichtlich benötigte Menge richtet sich nach der Fliesenfläche)
- 1 Packung Fliesenkreuze
- 1 oder mehrere Profilleisten (nur für die Außenkanten der zu fliesenden Wand)
- 1 Wasserwaage
- 1 Maßband
- 1 gerade Holzleiste
- 1 weicher Bleistift
- 1 rechteckiges Gefäß
- 1 Spachtel
- 1 Zahnspachtel
- 1 Fliesenschneider
- 1 Gummirakel zum Einarbeiten der Fugenmasse
- 1 Gummihammer
- 1 Schlagholz
- 1 Lappen
- 1 Schwamm
- Dübel und Nägel
- 1 Bohrmaschine
- Arbeitskleidung mit Gummihandschuhen und Schutzmaske (um sich vor den Ausdünstungen des Fliesenklebers zu schützen)

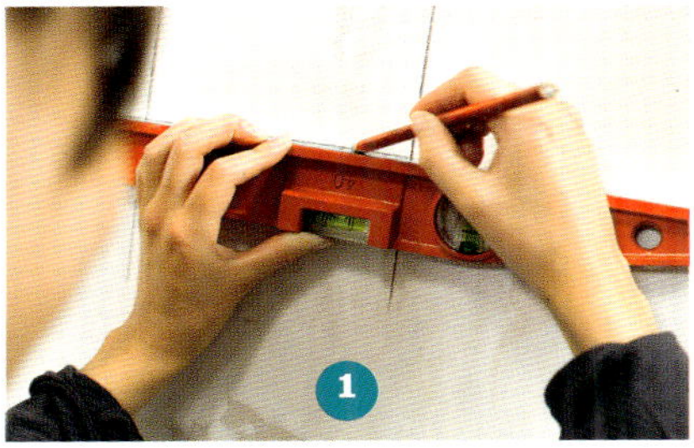

WIE BEIM TAPEZIEREN KOMMT ES AUCH BEIM FLIESENLEGEN AUF METHODISCHES ARBEITEN AN. ES LOHNT SICH, BESONDERS VIEL SORGFALT AUF DIE FUGEN ZU VERWENDEN. SIE GARANTIEREN EINE GUTE ABDICHTUNG UND SORGEN FÜR EIN ÄSTHETISCHES BILD.

Los geht's

Fliesen werden auf trockenem, festem, sauberem und glattem Untergrund verlegt. Löcher müssen verfüllt und Halterungen entfernt werden. Die Wände vor dem Anbringen der Fliesen noch einmal säubern. (1)

–

Gilt es, die Wände eines fensterlosen Badezimmers zu fliesen, sollte dieses so gut wie möglich gelüftet und eine Atemmaske getragen werden.

–

Damit die Fliesen auf dem Untergrund gut haften, wählt man einen qualitativ hochwertigen Fliesenkleber. Es gibt unterschiedliche Produkte: Fertigkleber oder Kleber in Pulverform und solche, die speziell auf den zu fliesenden Untergrund abgestimmt sind. Alle diese Eigenschaften findest du auf dem Packungsaufdruck.

–

Es empfiehlt sich, die Kosten im Voraus zu veranschlagen, denn Fliesen und Fliesenkleber sind teuer.

1

Vor Arbeitsbeginn ist es sinnvoll, einen Verlegeplan anzufertigen, um eine optimale Aufteilung der Flächen zu erreichen. Denn sehr wahrscheinlich passen nicht alle Fliesen ohne Zuschnitt in die geplante Fliesenfläche. Die zugeschnittenen Fliesen platziere so, dass sie optisch am wenigsten auffallen – am besten in wenig oder nicht einsehbaren Ecken anbringen (siehe Arbeitsschritte 11 und folgende).

2

Zuerst markiert man durch je eine waagerechte und eine senkrechte Linie die Grenze der zu fliesenden Fläche, sie dienen als Orientierungslinien für die erste Fliesenreihe. Mithilfe einer Wasserwaage und eines weichen Bleistifts zeichnet man dieses Achsenkreuz auf die Wand auf und verlängert anschließend mit einem Lineal die Markierungen bis zum Fußende der Wand. Dieses Raster kann beispielsweise auch an einer Badewanne oder einem Waschbecken enden.

(1) Siehe »Wände und Decken ablaugen«, »Ein Mauerloch verspachteln«, »Einen Mauerriss ausbessern«.

Tipps & Tricks

Beim Kauf der Fliesen bitte den Verkäufer, Fliesen mit denselben Chargennummern herauszusuchen. Das garantiert eine einheitliche Farbe der Fliesen.

*

3

Das Anbringen der ersten Fliesenreihe ist der alles entscheidende Schritt, denn alle folgenden Reihen orientieren sich daran. Diese Reihe muss daher exakt der vorgezeichneten waagerechten Linie folgen. Um eine absolut genaue horizontale Ausrichtung der Fliesen zu garantieren, bringt man eine Holzleiste entlang der Wandmarkierung an. Diese muss gut befestigt sein, denn sie soll das Gewicht der Fliesen so lange halten, bis der Kleber getrocknet ist. Je nach Beschaffenheit der Wand dübelt oder nagelt man die Holzleiste an (siehe Kapitel »Befestigungssysteme«).

Berechnung der Fliesenmenge

❶
Zu fliesende Fläche (m^2)
=
Breite der Fläche (m)
x
Höhe der Fläche (m)

❷
Fläche einer Fliese (m^2)
=
Fliesenlänge (m)
x
Fliesenbreite (m)

❸
Anzahl der benötigten Fliesen
=
zu fliesende Fläche
÷
Fläche einer Fliese

Der berechneten Fliesenmenge 5–15 % zuschlagen, um Verschnitte und Bruch auszugleichen. Vor allem bei Aktions- und Gelegenheitsware sollte die Reserve reichlich bemessen sein, um für spätere Reparaturen genügend Fliesen zu haben. Viele dieser Produkte können erfahrungsgemäß schon nach kurzer Zeit nicht mehr nachgekauft werden.

4

Bevor die ersten Fliesen angebracht werden, diese sorgfältig beidseitig mit einem Lappen abwischen, damit der Kleber besser haftet.

5

Den Fliesenkleber vorbereiten. Pulver (bei Fliesenklebern in Pulverform) in den viereckigen Behälter schütten und anschließend nach Gebrauchsanweisung anrühren. Der Kleber sollte eine pastenartige Konsistenz haben und nicht klumpen.

6

Einen durchgehenden Streifen Fliesenkleber mit dem Spachtel auf die Wand auftragen und mit dem Zahnspachtel kämmen, um die erste Fliesenreihe über der Holzleiste anzubringen. Der Kleberstreifen sollte nur wenig breiter als die Fliesen, eben und gleichmäßig von Riefen durchzogen sein.

7

Die erste Fliese auf die Holzleiste und an die senkrechte Markierung setzen. Fliese kurz andrücken und anschließend etwas »abwärts« in die endgültige Position schieben. Dann überschüssigen Kleber mit einem Lappen abwischen.

8

Bevor eine neue Fliese gesetzt werden kann, sorgt ein Fugenkreuz für den gleichmäßigen Abstand zur folgenden Fliese, der später mit Fugenmasse ausgefüllt wird. Dafür wird ein Fugenkreuz an die Oberkante der verlegten Fliese gesteckt. Anschließend die folgende Fliese mit einer Ecke in das Kreuz einpassen und auf dieselbe Art und Weise verlegen wie die vorhergehende Fliese. Ein zweites Fugenkreuz schiebt man an der Unterkante dazwischen, wie im Bild gezeigt. Es sorgt für den richtigen Abstand an der Unterkante.

Tipps & Tricks

Fliesenschneider sind keine notwendige Anschaffung. Sie können in Baumärkten auch ausgeliehen werden. Dabei solltest du darauf achten, dass das Gerät eine scharfe Schneide besitzt. Das Gerät für mehrere Tage sichern, denn Fliesenlegen beansprucht Zeit.

*

9

Um eine absolut plane Oberfläche zu erzielen, das Schlagholz über mehrere Fliesen legen und mit dem Gummihammer leicht festklopfen. Diesen Vorgang so oft wie nötig wiederholen.

10

Die gesamte Fläche (ohne Ecken und Randbereiche) nach den Arbeitsschritten 6 bis 9 fliesen.

11

In den Randbereichen, wo Zuschnitte erforderlich sind, den Fliesenschneider einsetzen. Die zu fliesenden Reststreifen ausmessen und die Maße mit dem weichen Bleistift auf die Fliesen übertragen, die zugeschnitten werden müssen.

12

Die erste Fliese in den Fliesenschneider legen und sorgfältig fixieren, damit sie während des Schneidevorganges nicht wegrutscht. Die Führungsschiene so ausrichten, dass sie präzise entlang der Markierung führt. Anschließend das Schneidrad mit leichtem Druck in einer Linie über die Fliese führen und eine feine Kerbe in die Glasur der Fliese ritzen. Sie dient als Sollbruchstelle.

13

Um die Fliese in zwei Teile zu teilen, den Handgriff der Maschine mit leichtem Druck auf die Fliese herunterdrücken.

14

Die zugeschnittenen Fliesen in die restliche Wandfläche einpassen und kleben. Zu diesem Zweck den Fliesenkleber direkt mit dem Spachtel auf die Rückseite der Fliese auftragen, das Fliesenstück an die Wand legen, fest andrücken und darauf achten, dass es korrekt an den bereits gefliesten Reihen ausgerichtet ist. Nicht vergessen, die Fugenabstände mit den Fugenkreuzen zu justieren.

15

Überschüssigen Kleber an den Randbereichen der Fliesen laufend mit einem feuchten Schwamm und einem trockenen Lappen entfernen. Die Fliesen müssen während des gesamten Arbeitsvorgangs stets sauber bleiben. Ist die gesamte Fläche gefliest, den Kleber trocknen lassen (mindestens einen Tag).

16

Im Mischgefäß die Fugenmasse gemäß Gebrauchsanweisung zubereiten. Darauf achten, die Masse sorgfältig zu mischen und zu rühren.

Tipps & Tricks

Dekorative Effekte ergeben sich durch die Wahl einer zu den Fliesen kontrastierenden oder auf andere Weise abgestimmten Farbe der Fugenmasse. Fugen in dunklen Tönen zum Beispiel verschmutzen nicht so schnell bei Gebrauch. Für eine vorteilhafte und individuelle Raumgestaltung können auch Fliesen in unterschiedlichen Farben verlegt werden.

*

17

Die Fugenmasse großzügig mit der Gummirakel über das Fliesenbett so verteilen und einarbeiten, dass die Fugen gut gefüllt sind. Dabei darauf achten, dass überschüssige Fugenmasse immer diagonal abgekratzt wird, ohne Druck auf die Fliesenränder auszuüben.

18

Als letzter Arbeitsschritt den dünnen Film, den die Fugenmasse auf der Fliesenoberfläche hinterlassen hat, mit einem leicht angefeuchteten Schwamm entfernen und mit einem trockenen Lappen nachpolieren. Wird ein zu nasser Schwamm benutzt, löst sich die Fugenmasse möglicherweise wieder auf.

*

Nach dem Fliesen das Werkzeug gemäß der Gebrauchsanleitung der einzelnen Produkte säubern. Fliesenkleber gilt derzeit noch als ungefährlicher Mischabfall und kann mit dem Hausmüll entsorgt werden. Nicht in Toilette oder Waschbecken gießen – er verstopft die Rohre. Fliesenflächen sind nach ca. 48 Stunden ausgetrocknet und abdichtend.

Fliesen lackieren

Handwerkszeug und Material

- 1 kleine Farbwalze oder Lackroller
- 1 Gefäß, um die Farbwalze einzuweichen
- 1 Rolle Tesakrepp, breit (50 mm)
- 1 Flasche Seifenlauge für das Handwerk ohne Nachwischen (flüssig oder in Pulverform)
- 1 Eimer
- 1 Streichwanne
- 1 Schwamm
- 2 Lappen
- 1 Flasche Aceton
- 1 oder mehrere Töpfe Spezial-Haftgrund für Fliesen
- 1 oder mehrere Töpfe Speziallack für Fliesen (Epoxidharzlacke) (1)
- Schutzkleidung (altes T-Shirt mit langem Arm, alte Hose und Schutzbrille)

DU DEKORIERST GERN DEINE KÜCHE ODER DEIN BADEZIMMER, MÖCHTEST ABER DIE FLIESEN DORT AUS ZEITGRÜNDEN UND WEGEN DER AUFWENDIGEN ARBEIT NICHT ABKLOPFEN? WARUM STREICHST DU DEINE WANDFLIESEN NICHT EINFACH NEU AN?

Los geht's

Fliesenlacke werden auf trockenem und sauberem Untergrund ohne Löcher oder hervorstehende oder lose Teile aufgebracht. Vor Arbeitsbeginn überzeugt man sich, dass keine Fliese einen Sprung hat. Wenn nötig beschädigte Fliesen auswechseln. (2)

–

Damit die Farbe auf den Fliesen gut haftet, muss ein Speziallack für Fliesen und eine besondere Grundierung verwendet werden. Erst beide Produkte garantieren die gute Haltbarkeit des Anstrichs.

–

Handelt es sich bei dem anzustreichenden Badezimmer um einen fensterlosen Raum, lüfte so gut wie möglich, um das Einatmen der Ausdünstungen von Farbe und Lösungsmittel zu verringern.

1

Damit Grundierung und Lack auf der Fliesenfläche gut haften, muss der Untergrund penibel gereinigt und entfettet werden. Eine Seifenlauge nach Gebrauchsanleitung im Eimer vorbereiten. Nachdem die Fliesen mit dem Schwamm abgelaugt worden sind, mit einem Tuch trocken reiben. Anschließend etwas Aceton auf den zweiten Lappen geben, um die Reinigung zu vollenden.

2

Befinden sich die Fliesen neben einem Wandteil, der nicht überstrichen wird, zum Schutz die Grenze mit Tesakrepp abkleben.

(1) Für die Auswahl der Farbe und die benötigte Farbmenge orientiere dich an der Seite »Spachtelmasse und Wandfarbe wählen«.
(2) Siehe Abschnitt »Einzelne Fliesen auswechseln«.

3

Nach gründlicher Vorbereitung den Haftgrund aufbringen. Den Farbroller in eine Streichwanne mit Grundierung eintauchen und am Gefäßrand abstreifen. Anschließend die Fliesen mit einer gleichmäßigen Grundierschicht überstreichen und entsprechend der Gebrauchsanleitung des Produkts trocknen lassen.

4

Danach den Lackroller reinigen. Hierfür in ein Glasgefäß mit einer geringen Acetonmenge tauchen. Anschließend mit kaltem Wasser ausspülen. Streichwanne reinigen.

5

Den Lackroller in die Streichwanne mit Fliesenspezialfarbe eintauchen und die Fliesenfläche einschließlich der Fugen überstreichen.

*****

Sind die Fliesen gestrichen, den Farbauftrag so lange trocknen lassen, wie es die Gebrauchsanleitung empfiehlt.

Tipps & Tricks

Sind nur einige wenige Fliesen zu streichen, die benachbarten Kacheln mit Tesakrepp abkleben, um ein Überlaufen der Farbe zu vermeiden.

*

Einzelne Fliesen auswechseln

Handwerkszeug und Material

- 1 Akku-Multifunktionswerkzeug mit Tauchsägeblatt (zum Beispiel Modell PMF 10,8 LI von Bosch)
- 1 Stemmeisen
- 1 Hammer
- Fertigfliesenkleber
- Fertigfugenmasse
- 1 großes Stück Pappe
- Fliesen je nach Bedarf
- Arbeitskleidung (altes T-Shirt mit langem Arm, alte Hose, Atemmaske, Gummihandschuhe und Schutzbrille)

UM WANDFLIESEN IM HANDUMDREHEN AUSZUWECHSELN, IST ES SINNVOLL, IN DEN KAUF EINES AKKU-MULTIFUNKTIONSWERKZEUGS ZU INVESTIEREN: DIESES GERÄT IST AUCH FÜR ANDERE HEIMWERKERARBEITEN NÜTZLICH, MAN KANN DAMIT AUCH SÄGEN UND BOHREN UND VIELE WEITERE ARBEITEN ERLEDIGEN.

Los geht's

Wird eine beschädigte Fliese aus der Wand gebrochen, dringen Fliesenpartikel samt Kleber und Staub in die Raumluft ein. Vor Arbeitsbeginn sollte man daher entsprechende Arbeitskleidung und Atemschutz anlegen. Außerdem ist es ratsam, auch den Fußboden unter der betreffenden Wandstelle durch einen großen Pappbogen zu schützen.

1

Zu Beginn die Fugen rund um die Fliese mit dem Stemmeisen herauskratzen.

2

Vor dem Einsatz des Multifunktionswerkzeuges die Fliese weiter in Stücke brechen, um sie in Einzelteilen besser von der Wand lösen zu können. Zu diesem Zweck das Stemmeisen in den bereits vorhandenen Sprung der Fliese stecken und es anschließend mit vorsichtigen Hammerschlägen auf den Griff weiter unter die Fliese treiben.

SOS

Der Untergrund, auf dem die neue Ersatzfliese haften soll, weist leichte Unebenheiten auf.

–

Die Fläche leicht mit einem Schwamm anfeuchten: Der Fliesenkleber haftet auf leicht feuchtem Grund besser.

3

Einen ersten Teil der Wandfliese mithilfe des Multifunktionswerkzeuges mit Tauchsägeblatt herausbrechen. Dabei wird das Tauchsägeblatt in den freigelegten Spalt eingeführt und ein Fliesenteil herausgesägt.

4

Auch die übrigen Teile der Fliese kann man mit dem Halbkreissägeblatt des Multifunktionswerkzeuges herausnehmen.

5

Bevor der fertige Fliesenkleber auf die neue Fliese aufgebracht wird, muss die Oberfläche sauber und glatt sein. Die Kleberreste daher sorgfältig mit dem Tauchsägeblatt von Schritt 3 von der Wand nehmen.

6

Das Auftragen des Klebers auf die neue Kachel und das Neuverfugen richten sich nach den Arbeitsschritten 5 bis 7 und 16 bis 18 aus dem Kapitel »Wandfliesen verlegen«.

Ist die schadhafte Fliese ersetzt, müssen die auf der Packung angegebenen Trockenzeiten der Fugenmasse genau eingehalten werden.

Tipps & Tricks

Eine identische Fliese als Ersatz für die schadhafte Fliese ist nicht verfügbar? Versuchst du ähnliche Fliesen zu verwenden, entsteht oft genug das Bild eines eher unschönen Flickwerkes. Es bietet sich folgender Ausweg an: Mehrere Fliesen werden im Umkreis der auszutauschenden Kachel herausgelöst und durch Fliesen der gleichen Größe und/oder von einer anderen Farbe ersetzt. Beachte dabei, dass die Eigenschaften der Fliesen (Farbe, Oberfläche) mit dem Umfeld in kreativer Weise spielen. Denke daran: Die Farbgestaltung (Sättigung, Mischung, Reinheit...) hat große Auswirkung auf die Aufmerksamkeit und auf das Befinden.

Wände mit Sichtputz verschönern

Handwerkszeug und Material

- 1 oder mehrere Dosen fertiger Sichtputz (zum Beispiel »Beton Ciré«)
- 1 Dose Haftgrundierung
- 1 Dose Wachs, Harz oder andere Beimengungen (am besten aus derselben Produktreihe wie der Sichtputz) (1)
- 1 Plastikspachtel für den Auftrag von Sichtputz auf die Wand
- 1 Putzkelle (Reibebrett) aus Plastik oder Metall
- 1 Flächenspachtel von 100 mm Breite
- 1 Malereimer
- 1 Polierhandschuh
- 1 Trittleiter
- 1 Lappen
- 1 Marmeladenglas
- Arbeitskleidung (altes T-Shirt mit langem Arm, alte Hose, Gummihandschuhe und Schutzbrille)

DIE WANDGESTALTUNG MIT FARBIGEM PUTZ IST EIN SEHR WIRKUNGSVOLLES MITTEL, UM EINE BESONDERE, WOHNLICHE ATMOSPHÄRE IN RÄUMEN ZU SCHAFFEN. NEBEN »BETON CIRÉ« UND »TADELAKT« (MAROKKANISCHER KALKPUTZ) GIBT ES VIELE WEITERE PRODUKTE ZUR OBERFLÄCHENBESCHICHTUNG. SIE ERMÖGLICHEN ES DIR, AUF EINFACHE WEISE EINE SEHR INDIVIDUELLE WIRKUNG ZU ERZEUGEN. EINIGE PRODUKTE FÖRDERN DARÜBER HINAUS DIE RAUMHYGIENE (Z. B. »TADELAKT«). WIR ZEIGEN DIE OBERFLÄCHENBEHANDLUNG AM BEISPIEL VON »BETON CIRÉ«, EINEM MODERNEN PRODUKT MIT SEHR DEKORATIVER WIRKUNG.

Los geht's

Gearbeitet wird in einem abgedeckten Raum an einer sauberen, einwandfreien und gut vorbereiteten Wand. (2)

–

Je nach gewünschtem Effekt wird zuerst eine Haftgrundierung aufgetragen. Diese Grundierung dient der guten Haftung sämtlicher Produkte, die anschließend auf die Wand aufgetragen werden.

1

Als erste Lage eine Haftgrundierung auftragen. Die Farbwalze zu diesem Zweck in den Eimer tauchen und am Eimerrand abstreifen. Die erste Schicht in regelmäßigen Bahnen anbringen und auf einen gleichmäßigen Andruck achten. Haftgrund und Farbputz sollten aus der gleichen Produktreihe stammen, um ein optimales Ergebnis zu erzielen.

2

Um eine »Sichtbetonoptik« zu kreieren, wird eine kleine Menge »Beton Ciré« mit dem Spachtel aus der Dose genommen und auf der Putzkelle verteilt.

3

Anschließend die Masse auf die Wand auftragen. Hierbei an der obersten linken Mauerecke beginnen. Dazu mit der Putzkelle in der Hand auf die Trittleiter steigen.

(1) Für die Berechnung der benötigten Menge helfen die Angaben auf den Seiten »Spachtelmasse und Wandfarbe wählen«.
(2) Siehe »Das Zimmer vorbereiten«, »Ein Mauerloch verspachteln« und »Einen Mauerriss ausbessern«.

4

4

5

8

9

4

Die Wand mit einer gleichmäßigen Schicht von 2 mm Stärke in folgender Manier abdecken: die Putzkelle in einem 45-Grad-Winkel zur Mauer halten und von oben nach unten mit leichtem Druck über die Wand streichen, um einen möglichst dünnen, glatten Auftrag zu erhalten. Danach gut 12 Stunden trocknen lassen.

5

Die zweite Schicht Beton Ciré wird unregelmäßig aufgetragen, das heißt in unterschiedlicher Stärke, um eine nuancierte Optik zu erreichen. Diese Wirkung wird erzielt, indem der Feinputz mit der Putzkelle in einer Neigung von 10 Grad zur Wand verstrichen wird.

6

Auf diese Weise über die gesamte Fläche weiterarbeiten und die erste Putzschicht vollständig überdecken. Nach und nach während des Arbeitsfortgangs mit der Putzkelle die aufgebrachte Putzschicht glätten (um die Schicht gleichmäßiger zu verteilen, wird sie einfach auseinandergezogen). Um einen optimalen Glättungseffekt zu erzielen, häufig überschüssige Masse von der Putzkelle abstreifen und mit einem trockenen Lappen abwischen.

7

Ist die Putzschicht vollständig getrocknet, wird die Wand gewachst. Dazu das Harz in der Dose gut durchrühren und eine kleine Menge auf den Plastikspachtel geben. Damit auf die Trittleiter steigen.

8

Eine dünne, gleichmäßige Harzschicht auf die Wand aufbringen. Je nach gewünschter Wirkung kann nach Austrocknen der ersten eine zweite Harzschicht darübergegeben werden.

9

Ist die Harzschicht getrocknet, die präparierte Wandoberfläche mit dem Polierhandschuh bearbeiten.

9

Eine völlig andere Wirkung erzeugen Dekorbeschichtungen mit »Metalliceffekt«. In diesem Fall geht man wie folgt vor:

1

Als Erstes wird die Haftgrundierung aufgetragen (siehe Seite 67/1). Darauf die Metalliceffektbeschichtung (aus derselben Produktreihe wie die Haftgrundierung) verteilen, die mit einem Flachpinsel von links nach rechts und anschließend von rechts nach links aufgetragen wird.

2

Achte darauf, dass einige Wandstellen nicht restlos mit diesem Produkt überdeckt sind: An diesen unberührten Stellen gestaltest du den metallischen Effekt. Die Dose mit der »Metallicbeschichtung« vor dem Öffnen gut durchschütteln, damit sich die Metallpigmente gleichmäßig verteilen. Mit einem Lackroller den Anstrich in kreuzweisen Schlägen, also von links nach rechts und schließlich von oben nach unten, aufbringen. Einen Tag lang trocknen lassen.

3

Als Letztes eine Schicht Glanzlack mit dem Lackroller über die gesamte Wand auftragen.

*

Hat man einen Metalliceffekt gewählt, ist etwas Geduld gefragt. Der metallische Glanz stellt sich erst nach dem völligen Austrocknen des Anstrichs ein.

1. Wozu dient Glättspachtelmasse?

a. Zum Glätten einer Oberfläche vor dem Anstrich.
b. Zum Verfüllen von Löchern im Mauerwerk.
c. Als Spachtelmasse mit dekorativer Wirkung in zahlreichen Farbtönen.

2. Um Tapeten an einer Wand anzubringen ...

a. ... bestreicht man zuerst die Wand mit Kleister und bringt anschließend die Tapetenbahn an.
b. ... bestreicht man zuerst die Tapetenbahn mit Kleister und klebt sie anschließend auf die Wand.
c. ... bestreicht man Wand und Tapete gleichzeitig mit Kleister, denn das sichert eine bessere Haftung der Tapete.

3. Was ist ein Fliesenschneider?

a. Eine kleine Wandkachel von 5 cm Seitenlänge.
b. Ein Werkzeug, um Fliesen zurechtzuschneiden.
c. Ein Werkzeug, um Fliesen zu verfugen.

4. Du fliest Wände, und eine kleine Menge Fugenmasse bleibt übrig. Um sie zu entsorgen ...

a. ... wird sie in den nächsten Wertstoffhof gebracht.
b. ... wird sie in die Toilette gespült, da es sich um kein umweltschädliches Produkt handelt.
c. ... wird die Fugenmasse mit dem Hausmüll entsorgt.

5. Wie entfernt man Luftblasen, die sich während des Tapezierens unter der Tapete gebildet haben?

a. Man glättet die Tapetenbahn erneut mit der Tapezierbürste.
b. Man macht mit dem Universalmesser einen kleinen Schnitt über der Luftblase und klebt die Tapete mit etwas Kleister wieder fest.
c. Man sticht mit einer Nadel in die Luftblase.

6. Um einen Riss in der Wand auszubessern …

a. … verfüllt man den Riss sorgfältig mit einer kleinen Menge Spachtelmasse.
b. … weitet man den Riss zuerst mit einem Dreikantschaber, damit die Spachtelmasse besser haftet.
c. … überklebt man ihn mit einem Reparaturband, das praktischer anzuwenden ist als Spachtelmasse.

7. Wozu dient ein Abtropfgitter?

a. Um die Kleisterbürste abzustreichen, wenn man tapeziert.
b. Um den Putzlappen auszuwringen, wenn man Wände ablaugt.
c. Um Farbwalzen und Pinsel abzustreifen, wenn man ein Zimmer neu streicht.

8. Was ist ein Tapetenablöser?

a. Ein Produkt, mit dem der Tapetenkleister verdünnt wird, um Klümpchenbildung zu vermeiden.
b. Ein Produkt, mit dem das Tapezierwerkzeug gereinigt wird.
c. Ein Produkt, das zur Ablösung alter Tapeten dient.

9. Weshalb sollen die Armaturen der Heizkörper nicht gestrichen werden?

a. Um zu vermeiden, dass bei der Bedienung die Farbe abblättert.
b. Weil die Armaturen aus Plastik sind und die Farbe auf diesem Material nicht haftet.
c. Um zu vermeiden, dass die Armaturen nach Trocknen der Farbe nicht mehr beweglich sind.

10. Was ist ein Ring- oder Rundpinsel?

a. Ein Pinsel, mit dem man vorzugsweise Ecken, Fenster und Zierleisten streicht.
b. Ein Heizkörperpinsel.
c. Ein Pinsel, mit dem man kleinere Malerarbeiten durchführt (zum Beispiel um die Wände eines Zimmers aufzufrischen).

Lösungen: 1a, 2b, 3b, 4c, 5b, 6b, 7c, 8c, 9c, 10a

Fußböden

Fußböden

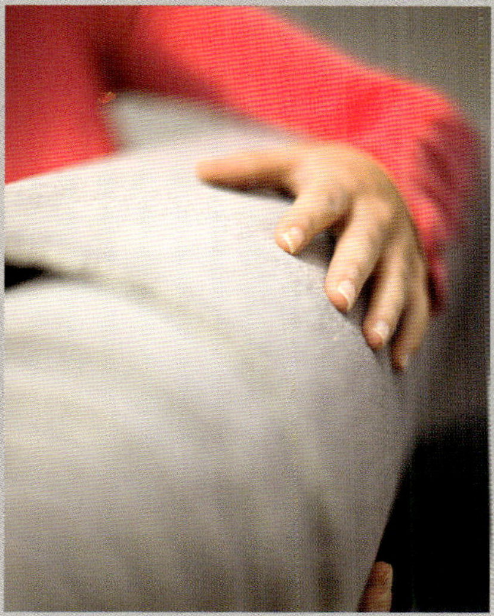

Parkettboden verlegen

Handwerkszeug und Material

- Fertigparkettbretter (-elemente) mit Nut und Feder in ausreichender Menge, um einen Zimmerboden damit auszustatten (für die Berechnung der Parkettbrettermenge siehe Seite 79)
- 1 Filzlage (Wärme- und Trittschalldämmung) für den Unterboden entsprechend der Zimmergröße
- 1 Parkettverlegeset für schwimmend verlegte Böden (Plastik-Abstandskeile 8 mm, Zugeisen, Schlagklotz aus Hartgummi)
- 1 Fuchsschwanz (Säge)
- 1 Holzzwinge
- Plastik-Abstandskeile für Parkett
- 1 solider, gut geschützter Tisch für den Zuschnitt
- 1 Gummihammer
- 1 Rolle Tesakrepp
- 1 Winkeleisen
- Sandpapier, feine Körnung
- Sockelleisten (entsprechend der Zimmergröße und vorzugsweise in der gleichen Holzfarbe wie das Parkett)
- 1 oder mehrere Tuben Montagekleber (je nach Länge der Sockelleisten)

PARKETT IST EINFACH ZU VERLEGEN UND ZU PFLEGEN UND DAZU EIN TRENDIGER BODENBELAG, DER JEDEM WIE AUCH IMMER GEARTETEN RAUM EINE WARME ATMOSPHÄRE VERLEIHT. UM IHN SO LANGE WIE MÖGLICH GENIESSEN ZU KÖNNEN, SOLLTE IN EINE GUTE QUALITÄT INVESTIERT WERDEN: DIE SOGENANNTE OBERSTE NUTZSCHICHT SOLLTE MINDESTENS 2 MM BETRAGEN. DIES GARANTIERT EINE HOHE DICHTE, SCHLAGFESTIGKEIT UND TRITTFESTIGKEIT.

Los geht's

Parkett wird auf trockenem, ebenem Untergrund verlegt. Ist der Unterboden nicht zufriedenstellend plan, muss er nachgearbeitet werden. In diesem Fall sollte ein Profi eingeschaltet werden.

–

Aus ästhetischen Gründen werden Parkettbretter der Zimmerlänge nach verlegt und/oder in Richtung des Lichteinfalls (Fenster).

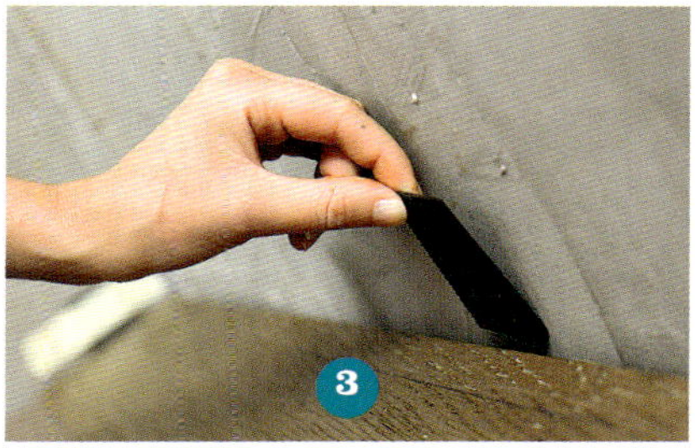

1

Zu Beginn den Unterboden des Zimmers sorgfältig von Staub befreien. Um eine gute Wärme- und Trittschalldämmung zu erzielen, eine Filzlage auf dem Boden ausbreiten und einpassen.

2

Ist die Wand nicht gerade, muss die erste Dielenreihe eingepasst werden. Hierfür die Bretter entlang der Wand anlegen und ein Kantholz als Hilfe für die Linienführung nehmen. Mit einem Bleistift die »kurvige« Wandkonturlinie auf die Diele übertragen. Diesen Vorgang wiederholen, indem man das Kantholz an der Wand entlanggleiten lässt. Anschließend das Parkettbrett entlang dieser Hilfslinie zuschneiden.

Tipps & Tricks

Einen feuchten Raum mit Parkett auszulegen empfiehlt sich nicht: Das Holz wellt sich.

*

Tipps & Tricks

Nach dem Kauf das Parkett nicht sofort verlegen. Das Holz sollte sich akklimatisieren können, damit es sich nicht verzieht. Es empfiehlt sich, das Parkett im Verlegeraum etwa eine Woche lang zu lagern. Dabei nicht aus der Verpackung nehmen, um zu vermeiden, dass es sich schon wellt.

*

SOS

Parkettbretter sind schwer und deshalb mühsam zu transportieren. Es spart Kraft, sie liefern zu lassen oder sich um eine Hilfe beim Transport zu bemühen.

3

Die erste Dielenreihe wird mit der Nutseite zur Wand ausgerichtet. Vorsicht! Holz arbeitet je nach den klimatischen Bedingungen. Die erste Reihe daher mit Abstandskeilen verlegen, damit eine Dehnungsfuge von 8 mm entsteht. Hierzu die Plastikkeile alle 30 cm rundherum zwischen Brett und Wand mit Tesakrepp befestigen. Anschließend ein Dielenelement an das andere anfügen. Am Ende der Reihe die Diele ausmessen, mit Bleistift markieren, passend absägen und den Rest gut aufbewahren.

4

Beim Verlegen der zweiten Dielenreihe auf jeden Fall verhindern, dass das Endstück kürzer als 40 cm wird. Zu diesem Zweck das Reststück verwenden, das beim Verlegen der ersten Reihe übrig geblieben ist. Sollte dieses kürzer als 40 cm sein, die Hälfte einer neuen Diele verwenden.

5

Damit die nachfolgenden Dielen fugenfrei an die zuvor verlegte Dielenreihe anschließen, diese regelmäßig mit Gummihammer und Hartgummi-Schlagklotz (oder einem ca. 20–30 cm langen Dielenabschnitt mit Nut) festklopfen.

6

Mit dem Verlegen entsprechend der Arbeitsschritte 4 bis 6 bis zur vorletzten Dielenreihe fortfahren. Die Elemente der letzten Parkettreihe müssen meistens zugeschnitten werden. Zu diesem Zweck die benötigte Breite der Dielen ausmessen: Die Abschlussdiele genau über die vorletzte, bereits verlegte Diele legen und fixieren. Eine weitere Diele, die als Abstandslineal dient, zunächst über die zuzusägende Abschlussdiele legen, an die Wand anlegen, die Bleistiftlinie auf die Abschlussdiele zeichnen (davon die Breite der Dehnungsfuge von 8 mm abziehen!) und entsprechend zusägen. Diese Dielenbretter lassen sich nicht mit dem Hammer, sondern nur mithilfe des Zugeisens einfügen.

Wie viele Parkettdielen müssen gekauft werden?

1

Verlegefläche
=
Zimmerlänge (m)
x
Zimmerbreite (m)

2

Anzahl der zu kaufenden Dielen
=
Verlegefläche (m^2)
÷
(Parkettdielen pro Paket in Quadratmetern + 10 % Zuschlag)

Parkett wird meist in Paketen angeboten, die jeweils 1 bis 2 m^2 Boden abdecken. Zur errechneten Verlegefläche einen Zuschlag von 10 % für Verschnitt und Reserve einkalkulieren (Beispiel: für eine Verlegefläche von 20 m^2 sollten 22 m^2 Parkettdielen einschließlich 10 % Zuschlag gekauft werden). Nicht selten wellen sich oder brechen Dielen (in der Verpackung, beim Verlegen oder bei Gebrauch), die ersetzt werden müssen.

7

Ist das Parkett auf dem Zimmerboden verlegt, die Keile entlang der Wände herausnehmen. Den Parkettboden anschließend 24 Stunden ruhen lassen, bevor die Sockelleisten angebracht werden.

8

Jetzt fehlen für einen perfekten Abschluss nur noch die Fuß- oder Sockelleisten entlang der Wände. An einer Ecke beginnen. Die Sockelleiste mit etwas Montagekleber bestreichen, an die Wand anlegen und kräftig andrücken, damit der Kleber haftet. Diesen Vorgang so lange wiederholen, bis das Zimmer rundherum mit Fußleisten ausgestattet ist. Wenn nötig die Stoßkanten der Sockelleisten für eine bessere Passform anschrägen und ebenfalls verleimen.

Linoleumboden verlegen

Handwerkszeug und Material

- Bodenbelag aus Linoleum in ausreichender Menge für die Verlegefläche (zur Berechnung dieser Menge siehe Seite 82)
- 1 Schere
- 1 Teppichmesser (mit Hakenklinge)
- Plastikschaber
- 1 oder mehrere Rollen doppelseitiges Klebeband speziell für Linoleumbodenbeläge
- 1 oder mehrere Übergangsprofile für Türschwellen (selbstklebend oder zum Verschrauben)
- 1 großer Flächenspachtel mit Stiel

LINOLEUM IST PFLEGELEICHT UND FÜRCHTET KEINE FEUCHTIGKEIT. DESHALB IST ES EIN IDEALER BODENBELAG FÜR KÜCHE UND BAD. DANK DER ZAHLREICHEN MUSTERUNGEN UND FARBEN FINDET JEDER BESTIMMT SEINEN WUNSCHBODEN. LINOLEUM IST BESONDERS UMWELTFREUNDLICH UND HYGIENISCH, DA ES FAST AUSSCHLIESSLICH AUS NATÜRLICHEN UND NACHWACHSENDEN ROHSTOFFEN (LEINÖL, JUTE, KALKSTEIN UND HOLZMEHL) BESTEHT.

Los geht's

Linoleum wird auf ebenem, glattem, trockenem und sauberem Untergrund verlegt. Ist der Zimmerboden uneben, muss nachgearbeitet werden. Das ist ein Fall für einen Profi.

–

Für eine glatte Oberfläche ohne Dellen oder Wellen muss Linoleum unbedingt auf einer harten Unterlage aufliegen (nie auf Teppichboden oder einem alten Linoleumbelag verlegen).

–

Vor Arbeitsbeginn den Unterboden sorgfältig reinigen und entstauben: Auf Staub haftet das doppelseitige Klebeband nicht gut.

1

Für eine einwandfreie Auflage auf dem Untergrund die Rolle Linoleum von der Zimmermitte aus ausrollen. An den Seitenwänden und Ecken mit einem Überstand von 10 cm an der Wand aufkanten. Wird das Linoleum in mehreren Bahnen verlegt, um den Zimmerboden zu überdecken, darauf achten, dass diese bündig gegeneinanderstoßen.

2

Den Linoleumbelag 24 Stunden im Zimmer liegen lassen, damit er sich dehnen und an die Zimmermaße sowie das Raumklima anpassen kann. Durch diese Ruhezeit vermeidet man, dass sich das Linoleum wellt. Auch ist das Verlegen später einfacher, weil das Linoleum während dieser Zeit geschmeidiger wird.

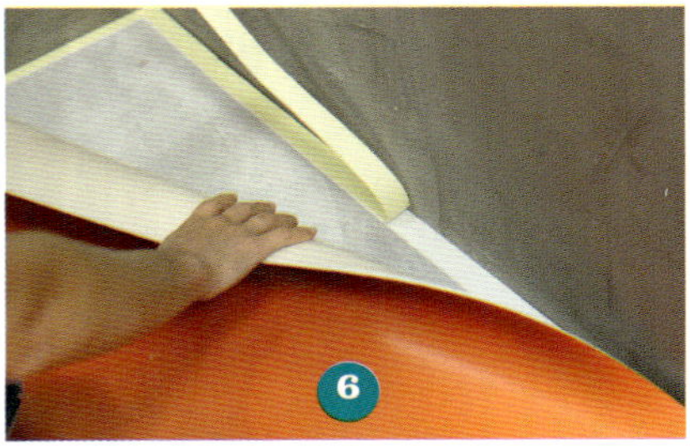

Tipps & Tricks

Bei größeren Räumen (> 30 m^2) ist eine vollflächige Verklebung ratsam. Dabei sollte man schon aus gesundheitlichem Interesse lösungsmittelfreie Kleber verwenden. Vor dem Verlegen des Linoleums Zeitungspapier über den Untergrund decken. Das verhindert Kondensierung und hält das Linoleum lange geschmeidig.

*

Berechnung der benötigten Linoleummenge

❶

Verlegefläche für Linoleum
=
Länge der Verlegefläche für Linoleum + 20 cm (m)
x
Breite der Verlegefläche für Linoleum + 20 cm (m).

❷

Länge des benötigten Linoleums
=
Verlegefläche für Linoleum (m^2)
÷
Rollenbreite des Linoleums

Linoleum wird auf Rollen in unterschiedlichen Breiten angeboten. Lass dich anhand deiner Zimmermaße beraten, damit du das Linoleum weitgehend aus einem Stück verlegen und die Anzahl der Nahtschnitte gering halten kannst.

3

Nach der Anpassungszeit wird das Linoleum zurechtgeschnitten. Mit dem Stielspachtel die Ecken deutlich und genau markieren, da davon der präzise Zuschnitt abhängt. An den Zimmerecken mit der Schere von oben nach unten den Überstand des Linoleums einschneiden, damit es sich in die Eckenform fügt. Sobald die Schnittkanten auf allen vier Seiten des Raumes deutlich markiert sind, kann geschnitten werden.

4

Mit dem Cuttermesser die überschüssigen Linoleumränder nach und nach abtrennen. Dieser Arbeitsschritt beginnt in den Ecken und wird dann entlang der Seitenwände fortgesetzt. Dabei fährt das Cuttermesser immer an der Schneide des Spachtels entlang, der die Schnittlinie vorgibt.

5

Die Ränder der Linoleumfläche hochnehmen und dicht entlang der vier Zimmerwände auf dem Fußboden das doppelseitige Klebeband sorgfältig aufbringen. Anschließend das Klebeband mit dem Plastikschaber festdrücken, um für eine gute Haftung auf dem Untergrund zu sorgen.

6

Die obere Schutzschicht auf dem Klebeband abziehen und das Linoleum auf den Klebestreifen festdrücken.

7

Sorgfältig und faltenlos arbeiten und dabei den Belag fest auf das Montageband andrücken.

8

An den Türschwellen Übergangsprofile ankleben oder -schrauben, um einen Höhenausgleich zu schaffen und zu verhindern, dass sich das Linoleum dort löst. Dabei die Gebrauchsanweisung der gewählten Profile gründlich lesen.

SOS

Du hast Linoleum, das sich ablöst? Das wird durch die nachlassende Klebewirkung des Montagebandes verursacht. Nimm in diesem Fall die gesamte Linoleumbahn ab, erneuere das doppelseitige Montageband und klebe das Linoleum wieder an.

Linoleumfliesen verlegen

Handwerkszeug und Material

- Linoleum-Fußbodenfliesen beziehungsweise -platten, -paneele, -parkett in ausreichender Menge für den Bodenbelag des betreffenden Zimmers (für die Berechnung der Menge siehe Seite 86)
- 1 Gummihammer
- 1 Schlagholz
- 1 Spezial-Cuttermesser für Linoleum
- 1 Metalllineal
- 1 Rolle Bindfaden
- 1 Rolle Tesakrepp
- 1 Bleistift

MIT KLEBER BESCHICHTETES LINOLEUMPARKETT LÄSST SICH SCHNELL UND MIT GERINGEM WERKZEUG-AUFWAND VERLEGEN. ES GIBT DIE FLIESEN ZUDEM IN VIELEN FORMEN UND FARBEN UND DAMIT FÜR JEDEN GESCHMACK.

Los geht's

Linoleumfliesen werden auf ebenem, glattem, trockenem und sauberem Untergrund verlegt. Sollte der Unterboden Unebenheiten aufweisen und eine Überarbeitung benötigen, ist es ratsam, einen Fachmann einzuschalten.

–

Linoleumfliesen auf keinen Fall auf Teppichböden oder alten Linoleumbelägen aufbringen, da sie darauf nicht haften.

–

24 Stunden vor Arbeitsbeginn die Paneele in der Verpackung in das zu renovierende Zimmer stellen. Bei Raumtemperatur wird das Material geschmeidiger, und die Paneele lassen sich leichter verlegen.

1

Vor Arbeitsbeginn das Zimmer und den Zimmerboden sorgfältig reinigen und entstauben. Staubreste verhindern eine gute Haftung der Fliesen auf dem Unterboden.

2

Zu einer korrekten Ausrichtung zeichnet man eine Referenzlinie auf den Fußboden. Diese dient als Ansatzpunkt für das Aufbringen der ersten selbstklebenden Fliese. Zu diesem Zweck in der Zimmermitte mithilfe des Bindfadens einen rechten Winkel konstruieren. Dafür wird ein Bindfaden der Länge nach von einer Wand zur anderen und ein zweiter in der Breite gespannt. Dann die Referenzlinie mit Bleistift in dieses Winkelkreuz einzeichnen.

3

Von der Zimmermitte ausgehend die erste Fliese in das gezeichnete Achsenkreuz einpassen. Dazu die Schutzfolie auf der Rückseite der Fliese abziehen und die obere Ecke der Fliese in den Kreuzungspunkt der beiden Achsen legen. Die Fliese fest andrücken, um eine gute Haftung zu erzielen.

Tipps & Tricks

Um eine beschädigte Linoleumfliese auszuwechseln, diese entlang der beiden Diagonalen mit dem Cuttermesser einschneiden und die Fliese mit dem Haarföhn anwärmen. Anschließend lässt sie sich problemlos ablösen! Nachdem die Kleberreste mit einem Dreikantschaber entfernt wurden, muss lediglich eine neue Fliese eingefügt werden.

*

Berechnung der benötigten Menge an Linoleumplatten

❶

Verlegefläche für Linoleum
=
Länge des Zimmers (m)
x
Breite des Zimmers (m)

❷

Anzahl der zu kaufenden Pakete
=
Verlegefläche für Linoleum (m^2)
÷
Gesamtmenge der Fliesen in einer Packung in Quadratmetern

Linoleumplatten werden in Paketen verkauft, deren Inhalt 1 bis 2 m^2 abdecken kann.
Du benötigst neben der Anzahl von Packungen, die nötig sind, um den Fußboden auszulegen, noch eine Reservepackung für Verschnitt.

4

Die folgenden Platten in der gleichen Art und Weise auf den Untergrund kleben, indem du den vorgegebenen Markierungslinien folgst. Darauf achten, die Schutzfolie von den Fliesen erst nach und nach abzuziehen.

5

Bevor die Zimmerränder ausgelegt werden, die Fliesen je nach den vorgegebenen Maßen zurechtschneiden. Dazu eine neue Fliese passgenau an die Wand anlegen und über die zuletzt geklebte Fliesenreihe legen. Den Stoß zwischen neuer Fliese und dem Rand der bereits verlegten Reihe mit einem Bleistift markieren.

Tipps & Tricks

Das Verlegen von Teppichfliesen erfolgt nach derselben Methode wie bei den Linoleumfliesen. Hier allerdings wird mit doppelseitigem Klebeband gearbeitet, denn die Teppichfliesen sind im Allgemeinen nicht als selbstklebende Ware erhältlich.

*

6

Die neue Linoleumfliese mit Metalllineal und Cuttermesser entlang der Bleistiftlinie einschneiden.

7

Die Fliese entlang dieses Schnittes auseinanderbrechen.

8

Die zugeschnittene Fliese in den Zwischenraum zwischen Wand und der letzten Fliesenreihe beginnend von einer Ecke aus einpassen und -kleben.

9

Damit die Randfliese gut auf dem Untergrund haftet, muss sie leicht mit Schlagholz und Gummihammer festgeklopft werden.

10

Um den restlichen Zuschnitt zu verlegen, die Arbeitsschritte 5 bis 9 wiederholen, bis der gesamte Saum verlegt ist.

*****

Es ist möglich, dass nach einigen Tagen überschüssiger Klebstoff zwischen den Fußbodenfliesen herausquillt. Das bedeutet, dass der Klebstoff sich gut mit dem Untergrund verbunden hat und das Linoleum gut haftet. Den überschüssigen Klebstoff mit einem leicht angefeuchteten Tuch abwischen.

Teppichboden verlegen

Handwerkszeug und Material

- Teppichbodenbelag in ausreichender Menge für das entsprechende Zimmer (für die Berechnung der benötigten Menge siehe Seite 90)
- 1 Schere
- 1 Spezial-Teppichmesser (mit Hakenklinge und Trapezklinge)
- 1 Plastikschaber
- 1 Flächenspachtel
- 1 oder mehrere Rollen doppelseitiges Klebeband für Teppichböden
- 1 oder mehrere Übergangsprofile zur Befestigung von Teppichboden an Türschwellen (selbstklebenden oder zum Verschrauben)

BEIM VERLEGEN VON TEPPICHBODEN SOLLTE DER ZUSCHNITT DEN GESAMTEN ZIMMERBODEN AUSFÜLLEN, UM IHN ANSCHLIESSEND AUF EIN SPEZIAL-DOPPELKLEBEBAND AUFZUBRINGEN. AUCH WENN DIE ZEIT DRÄNGT, ARBEITE MIT BESONDERER SORGFALT! DIES IST NICHT NUR PRAKTISCHER, SONDERN AUCH AUS ÄSTHETISCHEN GRÜNDEN WICHTIG.

Los geht's

Teppichboden wird auf ebenem, glattem, trockenem und sauberem Untergrund verlegt. Weist dein Boden Unebenheiten und andere Mängel auf, muss er überarbeitet werden. In diesem Fall ist es ratsam, einen Fachmann hinzuzuziehen.

–

Aus hygienischen und ästhetischen Gründen sollte ein neuer Teppichboden nicht auf einem alten Teppichbelag verlegt werden.

1

Vor Arbeitsbeginn das Zimmer sorgfältig von Staub und Schmutz befreien. Staub- und Schmutzreste verhindern eine sichere Haftung des Teppichbodens auf dem Untergrund.

2

Für eine saubere Verlegung die Auslegware aufrollen und von der Mitte aus so auslegen, dass sie an den Wänden und Ecken einen Überstand von 10 cm hat. Wird der Teppichboden in Bahnen verlegt, auf Passgenauigkeit der einzelnen Bahnen achten.

3

Mit den Händen rundherum an den Wänden den Teppichboden glätten und in die Kante zwischen Boden und Wand streichen. Ist die Auslegeware verhältnismäßig dick, einen Flächenspachtel mit Stiel oder eine geschlossene Schere zu Hilfe nehmen.

Tipps & Tricks

Einige Fachgeschäfte schneiden den Teppichboden nach den Maßangaben des Zimmers vor.

*

Berechnung der benötigten Teppichbodenfläche

1

Verlegefläche
=
Fußbodenlänge + 20 cm (m)
x
Fußbodenbreite + 20 cm (m)

2

Länge der Auslegeware
=
Verlegefläche (m²)
÷
Breite der gewählten Auslegeware

Teppichböden werden in Rollen mit Standardbreiten von 2, 3 oder 4 Metern angeboten. Beachte: Je breiter die Auslegeware, desto geringer die Anzahl an Bahnen, die zugeschnitten und eingepasst werden müssen.

5

6

8

4

Den Teppichboden am besten 24 Stunden lang ruhen lassen, damit sich seine Fasern ausdehnen und akklimatisieren können. So kann eine Wellung des Teppichbodens vermieden werden.

5

Ist der Belag sorgfältig ausgelegt und glatt gestrichen, die Schnittlinie mithilfe des Plastikspachtels und der geschlossenen Schere markieren, indem die Ware in die Kanten gedrückt wird. Erst dieser Arbeitsschritt ermöglicht einen sorgfältigen Zuschnitt.

Tipps & Tricks

Bewahrt man ein Abfallstück des Teppichbelags auf, kann man später damit als Schwamm wunderbar den Teppichboden säubern.

6

An den Zimmerecken den überstehenden Teppichboden von oben nach unten bis zum Eckpunkt mit der Schere einschneiden, um den Belag besser einpassen zu können.

7

Die Schnittlinie an den Kanten zwischen Wand und Fußboden allseitig gut markieren.

8

Von den Ecken beginnend den Überstand mithilfe des Teppichmessers und Plastikschabers, der als Führung dient, entlang der Wände schneiden.

9

Anschließend den Rand des Teppichbodens leicht anheben und zurückschlagen, um auf dem Fußboden das doppelseitige Klebeband sorgfältig entlang der Wände anzubringen.

10

Mit dem Plastikschaber über das doppelseitige Klebeband streichen, um es fest mit dem Untergrund zu verbinden.

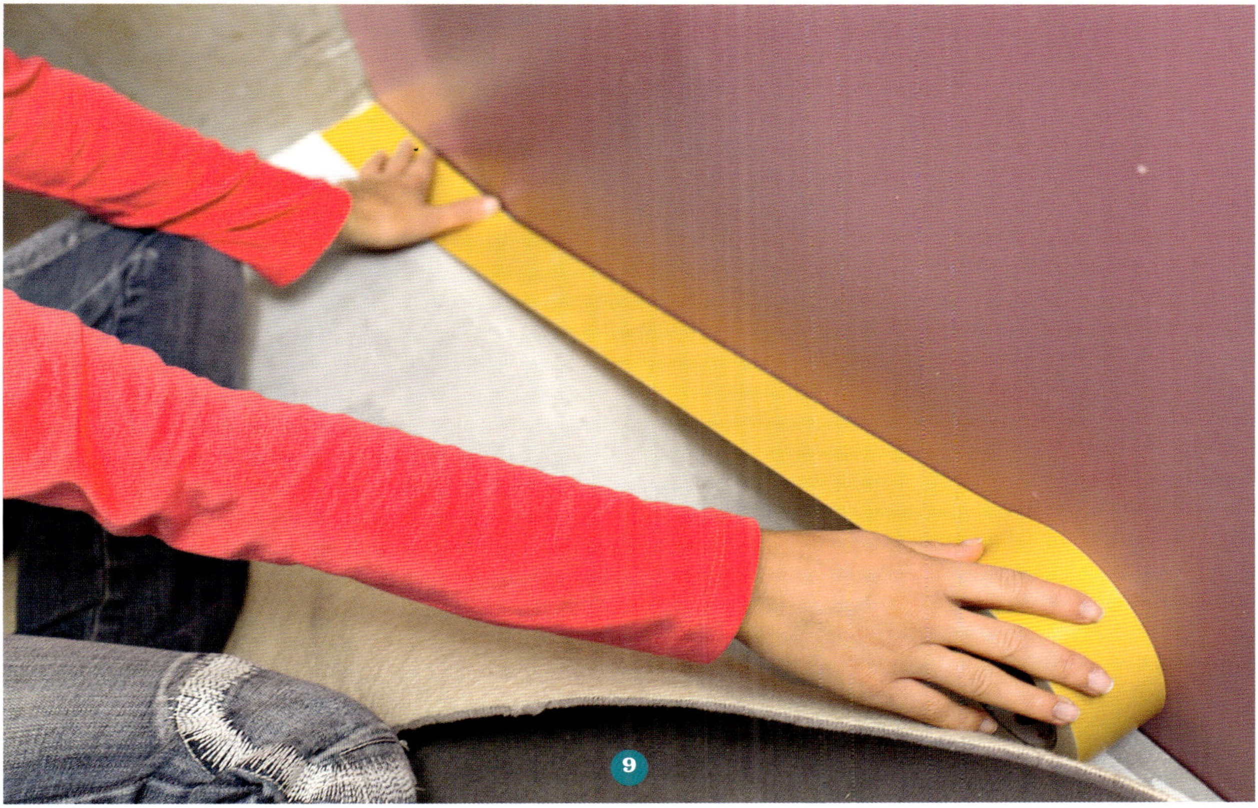

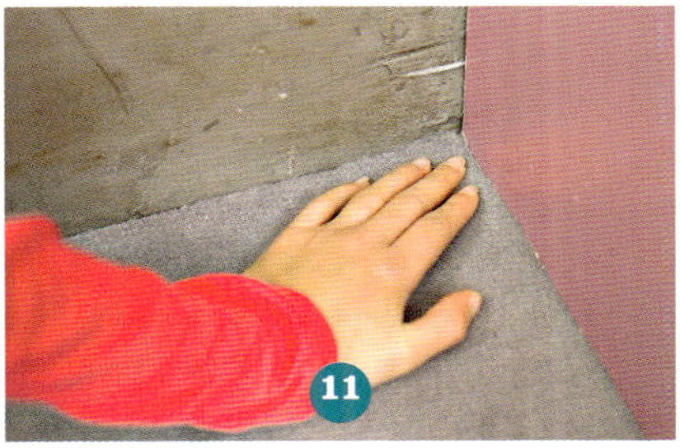

11

Die Schutzfolie des doppelseitigen Bandes Stück für Stück entfernen und den Teppichboden auf das Klebeband drücken. Dabei jede Faltenbildung vermeiden und so viel Druck ausüben, dass der Teppichboden gut auf dem Band haftet.

12

An den Türschwellen selbstklebende oder verschraubbare Übergangsprofile anbringen, um zu verhindern, dass sich der Teppichboden hier löst oder aufgeschoben wird. Dabei die Gebrauchsanleitung auf der Packungsbeilage beachten.

SOS

So werden Transport und Verlegen einfacher: Bitte den Verkäufer, die Auslegware nicht zu rollen, sondern von beiden Seiten bis zur Mitte und anschließend noch einmal zu falten (in Briefkuvert-Falttechnik).

1. Aus welchem Grund braucht man einen Gummihammer und einen Schlagklotz aus Hartgummi bei der schwimmenden Verlegung von Parkett?

a. Um nach dem Zusammenstecken der Bretter diese leicht gegeneinanderzuklopfen, damit sich Nut und Feder solide verbinden.
b. Um nach Verlegen des Parketts mit Klopfen des Hammers eine ebene Fläche zu erzeugen.
c. Um die Dielen entsprechend der Zimmermaße zurechtzuschneiden.

2. Weshalb ist es besser, vor dem Verlegen von Linoleum eine Schicht Zeitungspapier über den Unterboden zu legen?

a. Um eine bessere Schalldämpfung zu gewährleisten.
b. Um die Bildung von Kondenswasser unter dem Linoleumbelag zu verhindern und die Geschmeidigkeit des Belags für lange Zeit zu erhalten.
c. Für eine bessere Wärmedämmung.

3. Was versteht man unter »Nachbearbeitung«?

a. Die Renovierung eines abgenutzten Fußbodens.
b. Die Arbeiten, durch die der Unterboden vor der Verlegung eines Belags geebnet und geglättet wird.
c. Das Ausbessern und Verfüllen eines Risses in einem Fußbodenbelag aus Teppichboden oder Linoleum.

4. Bei welchen Bodenbelägen benutzt man Übergangsprofile?

a. Nur bei Teppichböden.
b. Bei Teppich- und Linoleumböden.
c. Bei Teppichböden, Linoleum und schwimmend verlegtem Parkett.

5. Wie faltet man einen Teppichbodenbelag, um den Transport zu erleichtern?

a. Wie einen Briefumschlag.
b. Zum Quadrat.
c. Es ist besser, ihn als Rolle zu transportieren.

6. Können ältere Fliesen neu gestrichen werden?

a. Nein, Fliesen können nicht gestrichen werden.
b. Ja, das ist allerdings nur möglich, wenn die vorhandenen Fliesen ein Spezialprodukt zum Streichen sind.
c. Ja, wenn man eine spezielle Fliesenfarbe verwendet und sich genau an die Gebrauchsanweisung hält …

7. Mit welchem Werkzeug schneidet man Linoleum oder Teppichböden nach den Maßen eines Zimmers zu?

a. Mit einer besonders scharfen Schere.
b. Mit einem Teppichmesser mit Hakenklinge.
c. Mit einem speziellen Schneidroller für Teppich- und Linoleumbeläge.

8. Wie verhindert man, dass sich Linoleum nach dem Verlegen wellt?

a. Man lässt die Ware 24 Stunden bei normalen Temperaturen in dem Zimmer ruhen, in dem sie verlegt werden soll. Auf diese Weise akklimatisiert sich das Linoleum vor der Verlegung.
b. Nach der Verlegung erwärmt man das Linoleum mit einem Haarföhn, damit es sich ausdehnt und glatt wird.
c. Man stellt schwere Möbel 24 Stunden lang in die vier Zimmerecken, damit sich das Linoleum vor dem Verlegen streckt und glättet.

9. In einer Ecke des Badezimmers löst sich das Linoleum vom Untergrund …

a. Du gibst einen Tropfen Klebstoff oder ein Stück doppelseitiges Klebeband unter den sich aufwellenden Linoleumstreifen.
b. Du löst den Linoleumstreifen, der sich aufwellt, und ersetzt ihn durch einen neuen.
c. Du erneuerst den Bodenbelag des Badezimmers komplett.

10. Wie befestigt man Sockelleisten an einer Wand?

a. Mit doppelseitigem Klebeband.
b. Man schraubt die Leisten an die Wand.
c. Man klebt die Sockelleisten an die Wand.

Lösungen: 1a, 2b, 3b, 4c, 5a, 6c, 7b, 8a, 9b, 10c

Bohren und befestigen

Bohren und befestigen

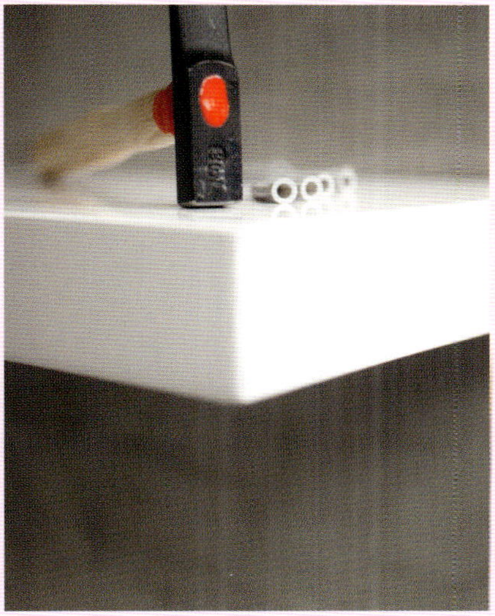

Was ist beim Bohren und bei der Dübelauswahl zu beachten?

Bringt man Regale oder andere Gegenstände (Bilder, Spiegel) an Wänden an, spielen Sicherheit, Festigkeit und Ästhetik eine Rolle. Für gute Ergebnisse ist ein solides Grundwissen nötig. Dazu gibt es ein paar einfache Regeln zu befolgen. Auf den folgenden Seiten findest du unter anderem einen Einkaufsführer, der zeigt, wie du das beste Material im Heimwerkermarkt findest.

Welches Werkzeug ist für Wandbefestigungen und Bohren unentbehrlich?

Für das Bohren von Löchern zur Befestigung von Gegenständen oder Regalen an Wänden sollte man natürlich eine gute Bohrmaschine – vorzugsweise mit Akkubetrieb – besitzen. Leistungsfähigkeit ist eines der Kriterien, die den Preis einer Bohrmaschine bestimmen: Ein leistungsfähiges Gerät erleichtert die Arbeit vor allem bei hartem, solidem Material und erhöht die Qualität des Ergebnisses. Eine Akku-Bohrmaschine sollte mindestens eine Leistungsfähigkeit von 14 Volt besitzen. Außerdem sollte das Gerät eine stufenlose Drehzahlsteuerung und aus Sicherheitsgründen eine automatische Abschaltung besitzen. Dadurch passt sich die Bohrmaschine allen Materialien an – von den härtesten (Beton, Stein, Vollziegel …) bis zu den weichsten Stoffen (Gips, Gasbeton …).

Mit der Schlagbohrfunktion der Bohrmaschine ist man in der Lage, Stein, Mauerwerk und Beton zu bearbeiten. Aktiviert man diese Funktion, schaltet der Bohrer automatisch auf Schlagbohren, was die Bearbeitung des Materials deutlich erleichtert oder erst ermöglicht. Dabei muss man beachten, dass diese Funktion nur mit einem Steinbohrer funktioniert. An seiner Bohrerspitze ist üblicherweise eine meißelförmig geschliffene Hartmetallscheibe eingelötet.

Wer in eine neue Bohrmaschine investiert, sollte auf vielseitige Einsetzbarkeit achten. Ein Akku-Schlagbohrschrauber ist ein Multitalent und sehr nützlich für Befestigungen aller Art. Besitzt man allerdings schon eine gute Bohrmaschine, genügt der Kauf eines einfachen Akku-Schraubers.

Nützlich ist auch der Einsatz von Metalldetektoren. In den meisten Fällen genügt ein preiswertes Handgerät. Bevor gebohrt wird, sollte man mit diesem Instrument in den Bohrbereichen nach eventuell verborgenen elektrischen Kabeln, Wasserleitungen oder Metallarmaturen fahnden.

Welches sind die entscheidenden Arbeitsphasen für die erfolgreiche Anbringung einer Wandbefestigung?

1.

Du prüfst die Wand, an der du eine Befestigung anbringen möchtest.

2.

Du wählst die Dübel, die Schrauben und die auf das Material abgestimmten Bohrer.

3.

Du legst die Durchmesser und Längen deiner Schrauben und Dübel fest und wählst anschließend die passende Bohrergröße.

1.
Prüfe die Wand, an der du eine Befestigung anbringen möchtest.

Wie stellt man fest, aus welchem Material die Wand ist?

Hierfür wird der Klang einer Mauer getestet. Er gibt einen ersten Aufschluss über ihre Beschaffenheit.

KLOPFE MIT EINEM WERKZEUGGRIFF LEICHT GEGEN DIE WAND.

→ Gibt es einen dumpfen Ton? Dann ist deine Wand massiv und besteht entweder aus Vollziegel, Beton, Gips oder Gasbeton.

→ Kommt der Ton verstärkt und schwingend zurück?
In diesem Fall handelt es sich zweifellos um eine Hohlkonstruktion, entweder aus Gipskarton, Hohlziegel oder um eine Holzbalkendecke mit unterseitiger Verkleidung.

Der Ton, den die Wand erzeugt, weist allerdings nicht immer eindeutig auf ihre Beschaffenheit hin. Daher muss der erste Klangtest durch einen weiteren Test ergänzt werden, um die Beschaffenheit der Wand genauer zu ermitteln. Hierzu wird mit einem Schlagbohrer an einer versteckten Stelle ein Loch in die Wand gebohrt – zum Beispiel hinter einem Möbelstück oder einer Tür. Anschließend wird das Bohrmehl analysiert.

FARBE, TEXTUR UND KÖRNIGKEIT DES BOHRMEHLS ANALYSIEREN.

➜ Das Bohrmehl ist weiß und feinkörnig: Du hast es mit Gips oder Gipskarton zu tun.

➜ Das Bohrmehl ist rot: Du hast es mit einer Hohl- oder Vollziegelwand zu tun.

➜ Das Bohrmehl ist grau: Es handelt sich um eine massive Betonwand oder um eine Wand aus Betonhohlblocksteinen.

Diese Tests geben recht zuverlässige Hinweise für das sachgemäße Arbeiten, also das Bohren, Dübeln und das weitere Befestigungsverfahren.

2.
Wähle die Dübel, Schrauben und Bohraufsätze anhand des zu bearbeitenden Materials aus.

Größe und Art der Dübel und Schrauben variieren entsprechend dem Gewicht des Gegenstandes, der an einer Wand aus einem bestimmten Baustoff befestigt werden soll.

→ **Bei porigen Gefügen und Platten (zum Beispiel Hohlraumkonstruktion mit Gipskarton):** Wähle Kipp- oder Federklappdübel (Formschlussspezialisten), Spreizdübel mit entsprechenden Schrauben (werden immer im Set mit den Dübeln angeboten).

→ **Bei einer Decke aus Leichtbaustoffen:** Wähle Hohlraum-Metalldübel beziehungsweise Federklappdübel.

→ Vollbaustoffe und Mauerwerk (Vollziegel oder Beton): Hohe Gebrauchslast (Küchenmöbel):
Wähle Verbundanker oder Metall-Einschlagdübel mit entsprechenden Schrauben.

→ Für Vollbaustoffe und Mauerwerk (Vollziegel oder Beton): Normale oder leichte Gebrauchslast (Regale, Bilder, etc.):
Wähle Allzweckdübel mit entsprechenden Schrauben.

→ Für Vollbaustoffe (Vollgipsplatten): Leichte Gebrauchslast (Badezimmeraccessoires, Seifenschalen, etc.):
Wähle Schraubdübel (Kunststoff oder selbstbohrend aus Metall) oder Universaldübel mit entsprechenden Schrauben.

3.
Bestimme Durchmesser und Länge der Schrauben und Dübel sowie den passenden Bohreinsatz.

BEI DIESEM THEMA NICHT VERGESSEN, DASS DER SCHRAUBENDURCHMESSER DEN DURCHMESSER DES DÜBELS UND DIESER WIEDERUM DEN DURCHMESSER FÜR DEN ENTSPRECHENDEN BOHRSTOFF BESTIMMT.

Beginne damit, den Lochdurchmesser (in den Befestigungsvorrichtungen für Regale, Aufhänger, Möbel etc.) zu messen, um den Schraubendurchmesser festzustellen. Anschließend bestimme die Mindestlänge der Schrauben, die gebraucht werden. Dabei ist zu beachten, dass für eine solide Befestigung Dübel und Schraube mindestens 30 Millimeter weit in die Wand versenkt werden müssen.

Mit diesen Informationen kann es losgehen, und zwar in die Abteilung für Befestigungssysteme im Baumarkt.

Zuerst die Dübel wählen und dabei die Produktbeschreibung des Herstellers aufmerksam durchlesen: Die darin enthaltenen Angaben in Millimetern geben Aufschluss über Schrauben- und Dübeldurchmesser sowie über die Dübellänge und den hierfür passenden Bohreinsatz (wichtig für den Bohrer).

Anschließend die zu den Dübeln passenden Schrauben kaufen. Achte dabei darauf, auch die richtige Schraubenlänge zu wählen. Dazu addiere die Dicke des Montageteils, die Länge des Dübels und den Schraubendurchmesser.

Bei Kipp- oder Federklappdübeln für porige Gefüge und Leichtbaustoffe werden Schrauben und Dübel im Allgemeinen im Set verkauft.

In der Werkzeugabteilung des Baumarkts findest du anschließend den Bohreinsatz mit dem auf der Packung der Dübel angegebenen erforderlichen Durchmesser.

Nun bist du für die Befestigungsarbeiten gut gerüstet.

*

Befestigungen in Gipskartonplatten

Handwerkszeug und Material

- 1 Schlagbohrer mit Bohreinsatz passend zum Durchmesser der gewählten Dübel
- 1 oder mehrere Hohlraumdübel (Kipp-, Federklapp- oder Spreizdübel) mit passenden Schrauben
- 1 Spezialzange für die entsprechenden Hohlraumdübel
- 1 Kreuzschlitzschraubendreher
- Schutzbrille
- Lärmschutz-Kopfhörer, falls Lärmempfindlichkeit besteht

UM EINEN GEGENSTAND IN EINER WAND AUS DÜNNEM GIPSKARTON ZU BEFESTIGEN, SIND SOGENANNTE KIPP- ODER FEDERKLAPPDÜBEL UND EINE SPEZIALZANGE NÖTIG. DIESE SPEZIALDÜBEL FALTEN SICH BEIM EINDREHEN DER SCHRAUBEN HINTER DER WAND AUF UND GARANTIEREN DAMIT GUTEN HALT.

Los geht's

Auf Wänden aus porigem Material in Leichtbauweise können keine schweren Gegenstände befestigt werden, auch dann nicht, wenn die Vorrichtungen perfekt ausgelegt sind. Für die Befestigung einer Bücherwand jedenfalls sollte eine solide Wand aus massiven Baustoffen gewählt werden.

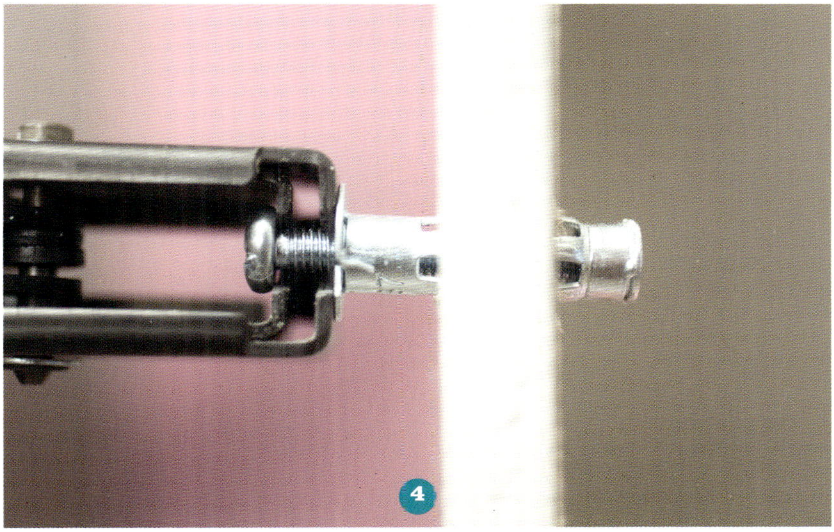

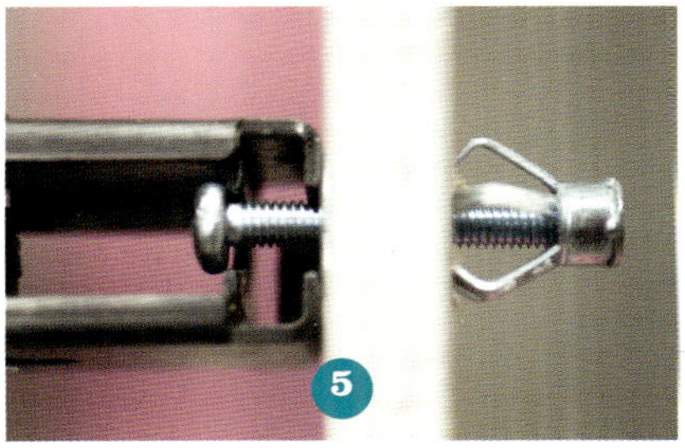

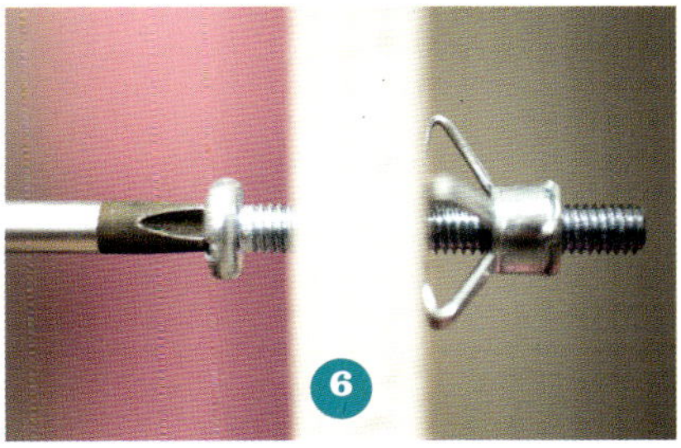

1

Auf die Bohrmaschine den passenden Bohreinsatz aufstecken.

2

Anschließend ein Loch im Durchmesser des Kipp- oder Federklappdübels bohren, der dort eingelassen werden soll. Zu diesem Zweck einen niedrigen Drehgang der Bohrmaschine einstellen und durch die Wand bohren.

3

Ist das Loch gebohrt, den Federklappdübel mit entsprechender Schraube in die Spezialzange nehmen.

4

Nun den Dübel mit Schraube in das Bohrloch stecken.

5

Die Spezialzange in Gang setzen: Sie zieht am Schraubenkopf, was bewirkt, dass sich der Dübel auffaltet.

6

Sitzt der Dübel fest in der Wand, kann die Schraube in aller Ruhe herausgedreht werden, um damit das leichte Montageteil an der Wand zu befestigen.

Dübelauswahl bei Hohlraumdecken

Handwerkszeug und Material

- 1 Bohrmaschine mit Bohreinsatz, dessen Durchmesser der Dicke des gewählten Dübels entspricht
- 1 Hohlraum-Metalldübel mit integriertem Haken, der für die entsprechende Gebrauchslast des Montageteils ausgelegt ist
- Schutzbrille
- Lärmschutz-Kopfhörer

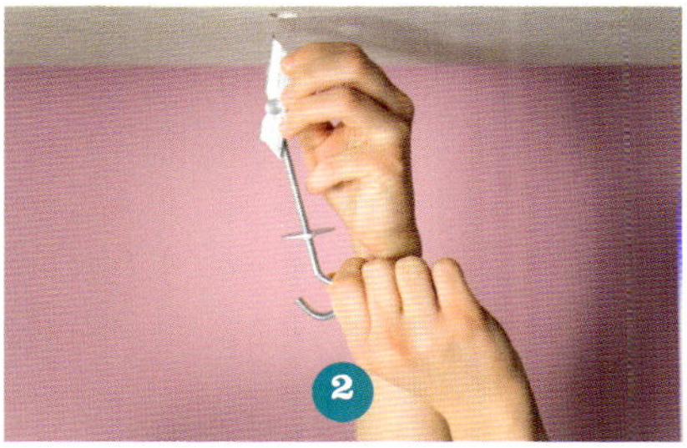

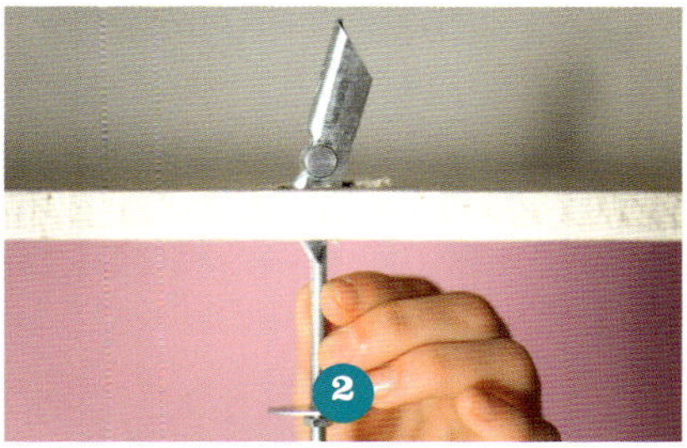

IN EINER HOHLRAUMDECKE MIT PORIGEM GEFÜGE ODER AUS PLATTEN BEFESTIGT MAN EIN MONTAGETEIL MIT EINEM SOGENANNTEN HOHLRAUM-METALLDÜBEL. DIESE SPEZIALDÜBEL SIND MIT EINEM HAKEN AUSGESTATTET, AN DEM DEKORATIVE GEGENSTÄNDE ODER HÄNGELAMPEN AUFGEHÄNGT WERDEN KÖNNEN.

Los geht's

In einer Decke aus weichem Baustoff kann selbst bei perfekter Befestigungskonstruktion nie ein schwerer Gegenstand befestigt werden.

1

Einen Bohreinsatz entsprechend dem Baustoff für die Bohrmaschine wählen und einen mittleren Drehgang einstellen. Ein Loch in der Größe des maximalen Durchmessers des gewählten Hohlraum-Metalldübels bohren.

2

Nachdem das Loch gebohrt ist, die Schneidespitze des Spezialdübels senkrecht aufgestellt durch das Bohrloch führen.

3

Anschließend den Dübel umgekehrt wieder herausdrehen, damit sich die Schneidespitze um 90° umklappen kann und als Gegenlager an der Plattenrückseite anschlägt.

4

Nun wird die Metallmutter bis zur Decke hinaufgedreht und der Haken bis zum Anschlag eingedreht. Jetzt muss nur noch die Lampe oder das Mobile aufgehängt werden.

*

Bohren in Vollgipsplatten

Handwerkszeug und Material

- 1 Bohrmaschine mit einem Bohreinsatz, dessen Durchmesser dem Mindestdurchmesser des gewählten Dübels entspricht (auf der Spitze aufgesetzt)
- 1 Schraubdübel (aus Metall oder Plastik) oder Universaldübel
- 1 Akku-Schrauber
- 1 Kreuzschlitzschraubendreher
- Schutzbrille
- Lärmschutz-Kopfhörer (bei Lärmempfindlichkeit)

IN MASSIVEN BAUSTOFFEN WIE VOLLGIPSPLATTEN WERDEN AM BESTEN METALL-HOHLRAUMDÜBEL VERWENDET. DIESE SPEZIALDÜBEL BOHREN SICH SELBST IN DIE WAND. DIE ANBRINGUNG IST DAHER SEHR EINFACH.

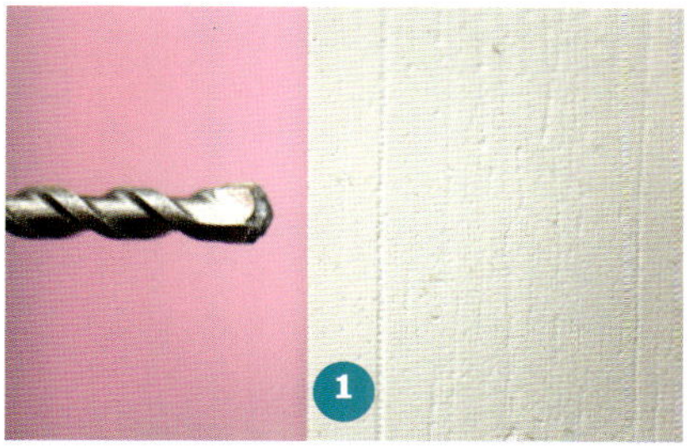

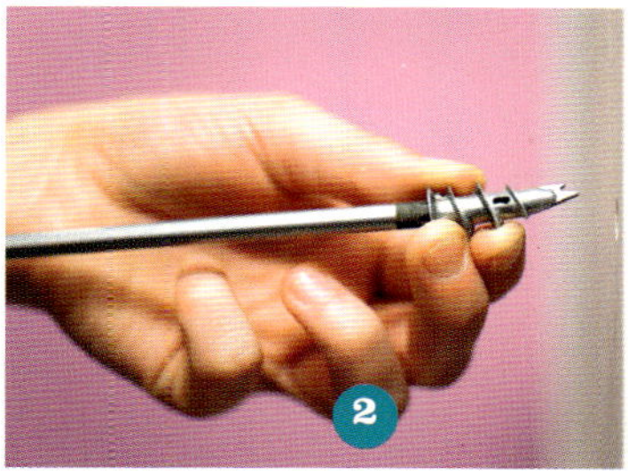

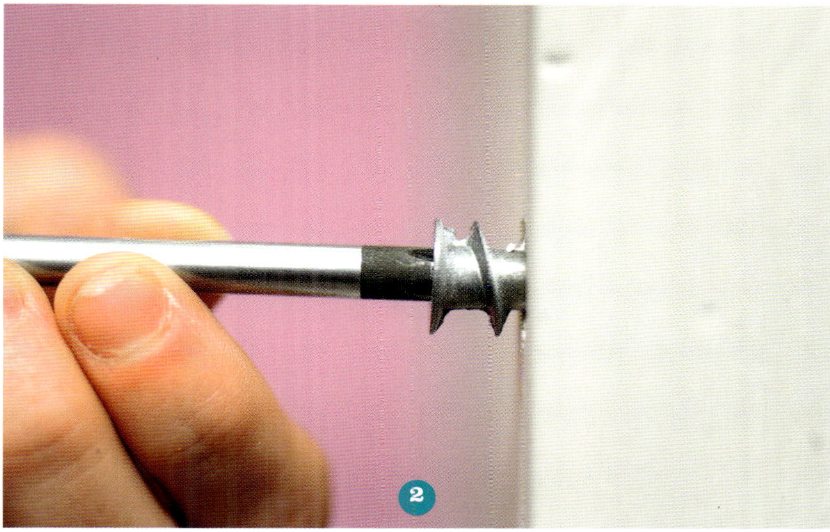

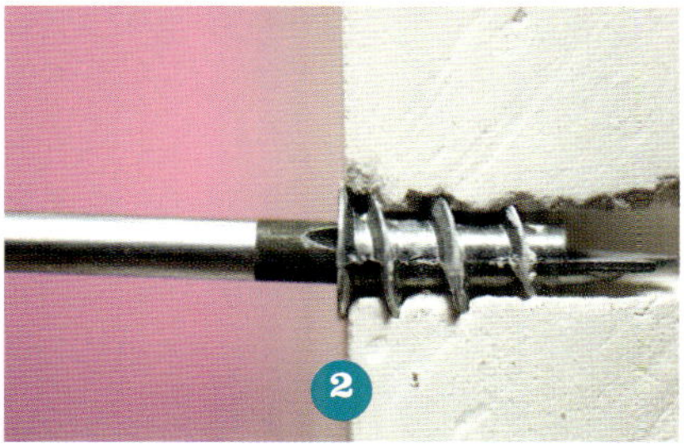

Los geht's

Bei Befestigungen in Gipsplatten sollte dennoch nicht vergessen werden, dass man in einem porigen Gefüge arbeitet, das weich und brüchig ist: Dübel und Schrauben dürfen daher nicht zu fest angezogen werden, um diesen Untergrund nicht zu beschädigen. Es sind daher leichte Montageteile wie Badezimmerablagen, Seifenschalen etc. vorzuziehen.

1

Einen entsprechenden Bohreinsatz auf die Bohrmaschine stecken. Einen langsamen Drehgang einschalten, um die Wand vorzubohren. Anschließend sorgfältig das Bohrmehl entfernen.

2

Mithilfe des Kreuzschlitzschraubendrehers den Schraubdübel sanft und vorsichtig in das vorgebohrte Loch schrauben. Im Wandinneren schraubt sich der Hohlraumdübel tiefer in das bereits vorgebohrte Material.

3

Der zu montierende (leichte) Gegenstand kann nun befestigt werden, indem die Aufhängung (zum Beispiel die Schraube) mithilfe des Akku-Schraubers eingeschraubt wird.

Befestigung schwerer Gegenstände in Ziegel- oder Betonwänden

Handwerkszeug und Material

- 1 Schlagbohrer mit einem Bohreinsatz passend zum Durchmesser der nötigen Dübel
- 1 Metalleinschlagdübel
- 1 Hammer
- 1 Holzstück
- 1 Steckschlüssel
- Schutzbrille
- Lärmschutz-Kopfhörer (bei Lärmempfindlichkeit)

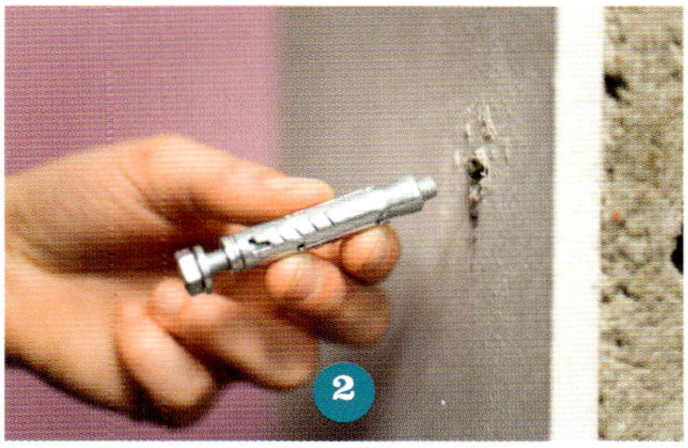

MASSIVE BAUSTOFFE WIE VOLLZIEGEL ODER BETON SIND FÜR HOHE GEBRAUCHSLASTEN AUSGELEGT (ÜBER 50 KG). UM EINE OPTIMALE BEFESTIGUNG ZU SICHERN, WÄHLE AUSSERDEM EIN BELASTBARES MATERIAL UND DIE BESTE BEFESTIGUNGSMETHODE.

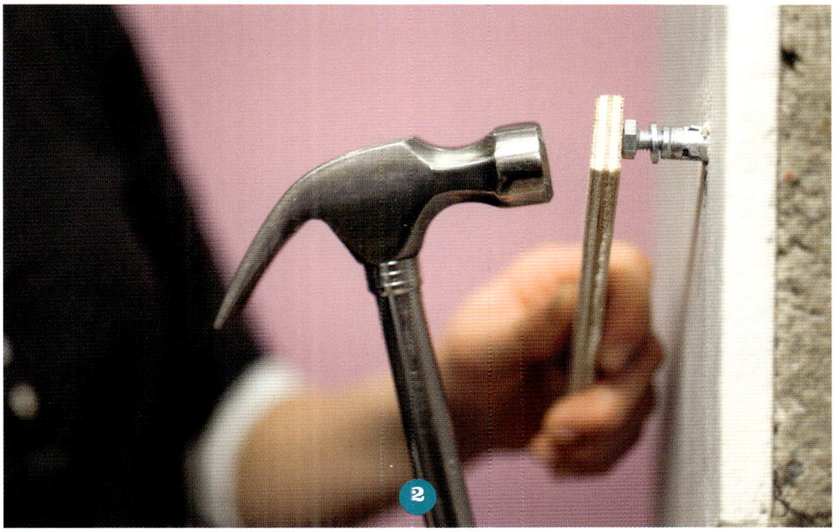

Los geht's

Arbeitet man in Vollziegel- oder Betonwänden, nicht vergessen, dass eine präzise Bohrung die entscheidende Rolle für eine solide Befestigung spielt.

–

Man sollte daher im Auge behalten, dass das Bohren in diesem Baustoff eine gewisse Zeit in Anspruch nimmt. Wenn das Material besonders hart ist, mach beim Bohren zwischendurch Pausen, damit sich der Bohreinsatz immer wieder abkühlen kann.

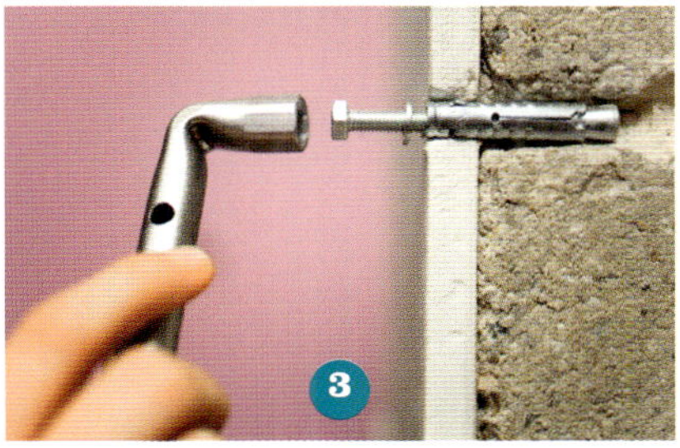

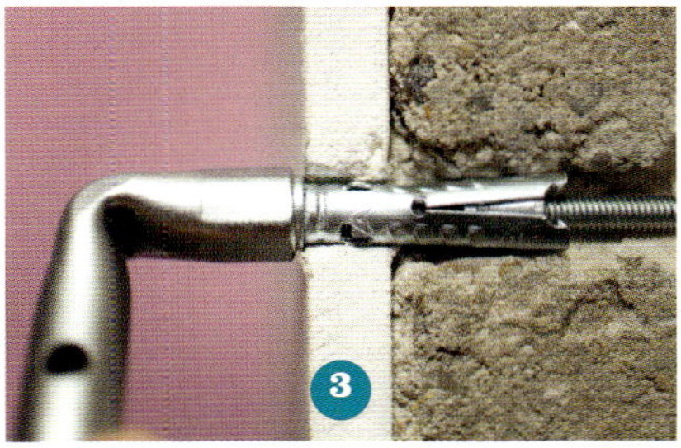

1

Bohreinsatz auf die Bohrmaschine stecken. Die Schlagbohrfunktion zuschalten. Mit leichtem Druck auf das Material zu bohren beginnen. Möglicherweise muss dabei die Geschwindigkeit nach und nach erhöht werden, um den Baustoff zu durchdringen.

2

Ist das Loch erst einmal gebohrt, den Metalleinschlagdübel samt Schraube in das Loch schieben. Mithilfe leichter Hammerschläge auf ein Stück Holz Dübel und Schraube in die Wand einschlagen.

3

Sitzt der Dübel fest in der Mauer, muss die Schraube mit dem Schraubenschlüssel bis zum Anschlag eingedreht werden, damit sich der Dübel aufspreizt und sich damit fest in der Bohrlochwand verankert. Erst das garantiert eine solide Halterung.

4

Danach kann die Schraube wieder herausgedreht und damit der gewünschte Gegenstand montiert werden.

Befestigung leichter Gegenstände in Ziegel- oder Betonwänden

Handwerkszeug und Material

- 1 Bohrmaschine mit Bohreinsatz passend zum Durchmesser der benötigten Dübel
- 1 Universaldübel mit passender Schraube, entsprechend dem Gewicht des zu montierenden Gegenstandes
- 1 Hammer
- 1 Akku-Schrauber
- Schutzbrille
- Lärmschutz-Kopfhörer (bei Lärmempfindlichkeit)

UNIVERSALDÜBEL SIND IDEAL FÜR DIE BEFESTIGUNG VON LEICHTEN GEGENSTÄNDEN UND DEKOR IN MASSIVEN BAUSTOFFEN WIE VOLLZIEGEL ODER BETON.

Los geht's

Das Bohren von Löchern in Vollziegel- oder Betonwänden setzt viel Bohrmehl frei, da diese Baustoffe massiv und dicht sind. Achte deshalb darauf, das Bohrmehl stets sorgfältig zu entfernen, bevor der Dübel im Bohrloch versenkt wird: Denn bleibt zu viel Mehl im Bohrloch, verliert der Dübel seine Haltekraft.

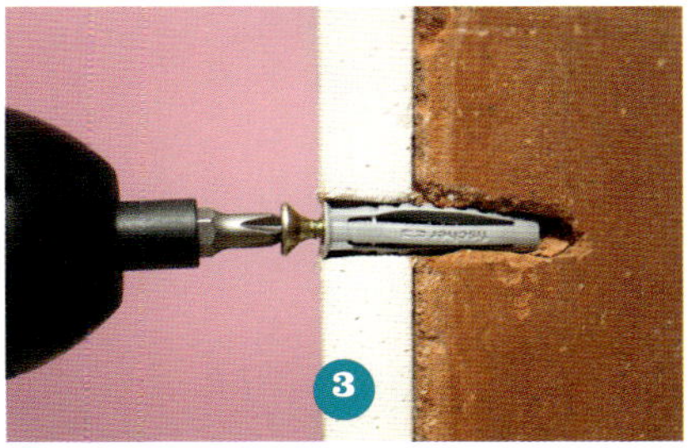

1

Auf den Bohrer einen Bohreinsatz setzen. In einen niedrigen Drehgang schalten und mit sanftem Druck ein Loch in den Baustoff bohren, um diesen nicht zu beschädigen.

2

Ist das Loch gebohrt, den Dübel mit leichten Hammerschlägen in die Wand treiben.

3

Ist der Dübel in der Wand fixiert, kann der Gegenstand montiert werden. Dazu wird die Schraube mithilfe des Akku-Schraubers in den Dübel gedreht. Das Aufspreizen des Dübels in der Wand sorgt nach und nach für einen sicheren Halt.

Aufhängungen in Holz

Handwerkszeug und Material

- 1 Zimmermannsbleistift oder weicher Bleistift
- 1 passender Haken
- 1 Holzbohrer
- 1 Kombizange

IN EINER DÜNNEN WANDVERSCHALUNG AUS HOLZ KÖNNEN OHNE WEITERES LEICHTE GEGENSTÄNDE BEFESTIGT WERDEN (BILDER, KLEINE SPIEGEL, KLEIDERHAKEN ETC.). AUF SCHWERE GEGENSTÄNDE SOLLTE MAN IN DIESEM FALL VERZICHTEN: ES BESTEHT DIE GEFAHR, DASS DIE BEFESTIGUNG DIE HOLZPANEELE BESCHÄDIGT ODER DIESE SOGAR UNTER DER KRAFT DES GEWICHTS VON DER WAND GERISSEN WERDEN.

Los geht's

Vor dem Bohren des Lochs überzeugt man sich, dass der Holzbohrer in gutem Zustand ist: Erst dann bohrt man ein sauberes und präzises Loch in die Holzwand vor.

1

Die geeignete Stelle für das Bohrloch an der Wand finden und mit Bleistift markieren.

2

Die Spitze des Holzbohrers auf die markierte Stelle setzen. Im Uhrzeigersinn in das Holz drehen und das Loch hiermit vorbohren. Beim Bohren den Holzbohrer unbedingt immer wieder gerade ausrichten.

3

Mithilfe der Kombizange den Haken in das vorgebohrte Loch schrauben.

4

Jetzt kann das Objekt wie gewünscht an die Wand gehängt werden.

Tipps & Tricks

Wird das Schraubgewinde des Hakens mit Seife eingerieben, lässt dieser sich leicht und problemlos ins Holz schrauben.

*

Befestigung eines Wandregals mit Winkelträgern

Handwerkszeug und Material

- 1 Bleistift
- 1 Hammer
- 4 Dübel in passender Größe für die Löcher des Winkelträgers (1)
- 4 Holzschrauben in entsprechender Länge und Stärke für das anzubringende Regal
- 1 Rollmaßband
- 1 Akku-Schrauber
- 1 Bohrmaschine mit Bohreinsatz (Bohrer passend zu den in der Mauer fixierten Dübeln)
- 1 Wasserwaage
- 1 Kreuzschlitzschraubendreher
- 1 Regal
- 2 Winkelträger

EIN REGAL FÜR BÜCHER ODER DEKORATIVE GEGENSTÄNDE SOLL AN DER WAND BEFESTIGT WERDEN? DIESE AUFGABE MEISTERN SELBST UNERFAHRENE HEIMWERKERINNEN – VORAUSGESETZT, SIE GEHEN SYSTEMATISCH VOR.

Los geht's

Als Erstes steht die Wahl der passenden Winkelträger für das entsprechende Regal an: Für eine solide Befestigung müssen die Winkelträger eine ausreichende Größe besitzen und drei Viertel der Regalbreite messen.

–

Vor dem Bohren die Beschaffenheit der Wand prüfen, um die Art und Weise der Befestigung auf das Wandmaterial und das Gewicht des Montageteils abzustimmen (siehe dazu Seite 98 bis 117).

1

Zur Arbeitserleichterung die beiden Winkelträger zuerst an das Regal schrauben. Zu diesem Zweck mit Rollbandmaß und Bleistift auf der Unterseite des Regalbretts die Montagestellen für die vier Holzschrauben ausmessen und markieren.

2

Anschließend mit dem Kreuzschlitzschraubendreher die Holzschrauben eindrehen, die die Winkelträger unter dem Regalbrett fixieren. Mithilfe des Akku-Schraubers die Schrauben vollständig eindrehen.

3

Das Regalbrett in der gewünschten Position an die Wand halten. Am einfachsten ist es (für Rechtshänder), wenn zuerst die rechte Regalseite befestigt wird. Hierzu die Stellen ausmessen und markieren, an denen die entsprechenden Dübel in die Wand eingelassen werden müssen.

(1) Für die Wahl des Befestigungssystems die Einführung zu Beginn des Kapitels lesen.

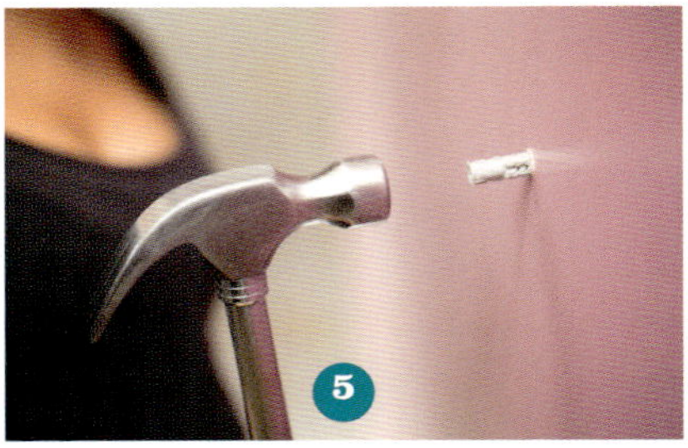

4

Den Bohreinsatz mittig auf die Markierung an der Wand ansetzen und ein Loch bohren. Nicht vergessen, die Schlagbohrerfunktion einzuschalten.

5

Einen Dübel in das Loch geben, indem dieser sanft mit dem Hammer in die Öffnung getrieben wird.

6

Die rechte Seite des Regals mit einer Schraube und dem Akku-Schrauber an der Wand befestigen.

7

Mithilfe der Wasserwaage das Regal waagerecht an der Wand ausrichten. Anschließend die Stellen der drei fehlenden Dübel deutlich markieren.

8

Wie in Abschnitt 4 beschrieben, drei weitere Löcher bohren.

9

Die Dübel mit dem Hammer gefühlvoll in der Wand versenken.

10

Die Winkelträger an der Wand befestigen, indem die Schrauben mit dem Akku-Schrauber in die Dübel geschraubt werden. Jetzt ist das Regal angebracht.

Tipps & Tricks

Falls das Regal schwere Gegenstände tragen soll, kann ein zusätzlicher Winkelträger in der Mitte des Regalbretts angebracht werden. Das verhindert, dass das Holz mittig durchhängt.

*

Verdeckte Befestigung eines Wandregals

Handwerkszeug und Material

- 1 Bleistift
- 1 Hammer
- Für den Baustoff der Wand geeignete Dübel mit passenden Schrauben
- 1 Rollmaßband
- 1 Akku-Schrauber
- 1 Schlagbohrer mit einem Bohreinsatz (passend zu den in der Wand zu versenkenden Dübeln)
- 1 Wasserwaage
- 1 Regal mit einem Befestigungssystem, das unsichtbar angebracht werden kann

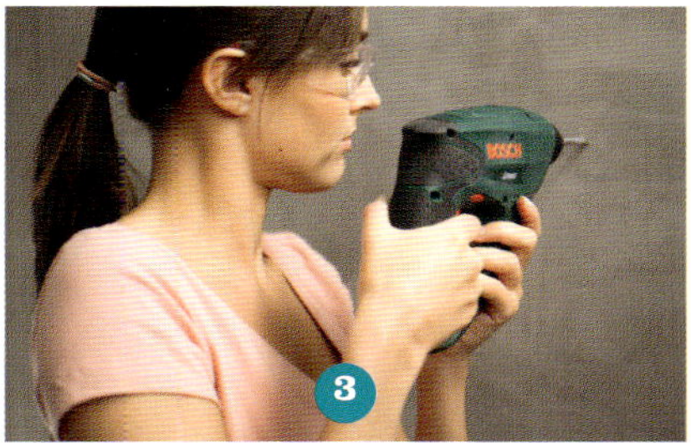

DU MÖCHTEST EIN REGAL AN DER WAND ANBRINGEN, ABER WINKELTRÄGER GEFALLEN DIR NICHT? DANN IST EIN REGAL MIT VERDECKTEM BEFESTIGUNGSSYSTEM PERFEKT FÜR DICH! DIE ANBRINGUNG GEHT EINFACH UND SCHNELL.

Los geht's

Regale mit verdeckten Befestigungssystemen liegen im Trend. Sie funktionieren mit Stangen- beziehungsweise Schienenhalterungen, die an die Wand montiert werden und die in das Regal verdeckt, also von außen nicht sichtbar eingeführt werden. Wichtig ist bei ihnen, das Gewicht der Auflage gering zu halten.

–

Bevor das Loch gebohrt wird, werden Wandmaterial und -konstruktion geprüft. Mit dieser Vorabinformation und der beabsichtigten Belastung des Regals ergeben sich die Auswahl der Montageeinheit und das Befestigungsverfahren (siehe hierzu Seite 98 bis 117).

1

Mit Rollmaßband und Bleistift die Höhe suchen und markieren, auf der das Regal angebracht werden soll.

2

Zur Arbeitserleichterung mit der Anbringung der rechten Seite des Befestigungssystems beginnen. Hierfür die Position der Dübel ausmessen und markieren.

3

Anschließend mit der Bohrmaschine das Führungsloch für den Dübel bohren. Dabei darauf achten, die Bohrerspitze zentral auf die Markierung zu setzen und das Schlagwerk einzuschalten.

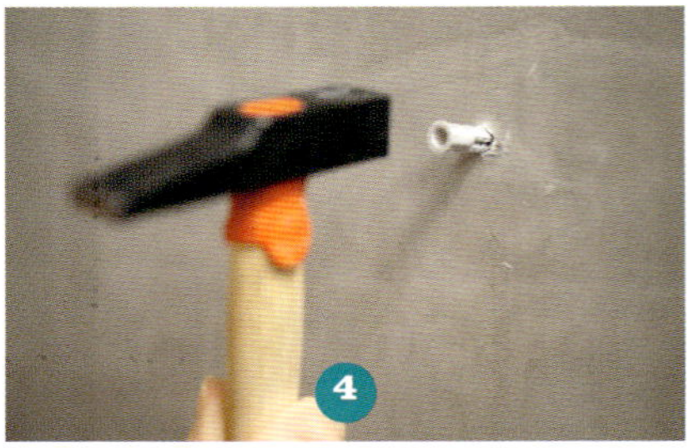

4

Ist das Führungsloch gebohrt, den Dübel mit leichten, vorsichtigen Schlägen hineintreiben.

5

Jetzt kann die rechte Seite des Befestigungssystems des Regals angebracht werden. Dazu eine Schraube mithilfe des Akku-Schraubers in den Dübel drehen.

6

Mit der Wasserwaage das Befestigungssystem korrekt waagerecht ausrichten.

7

So kannst du die Bohrstellen für die Dübel feststellen und markieren. Anschließend die entsprechenden Führungslöcher bohren und die Dübel mit dem Hammer wie in den Arbeitsschritten 3 und 4 beschrieben in die Wand treiben.

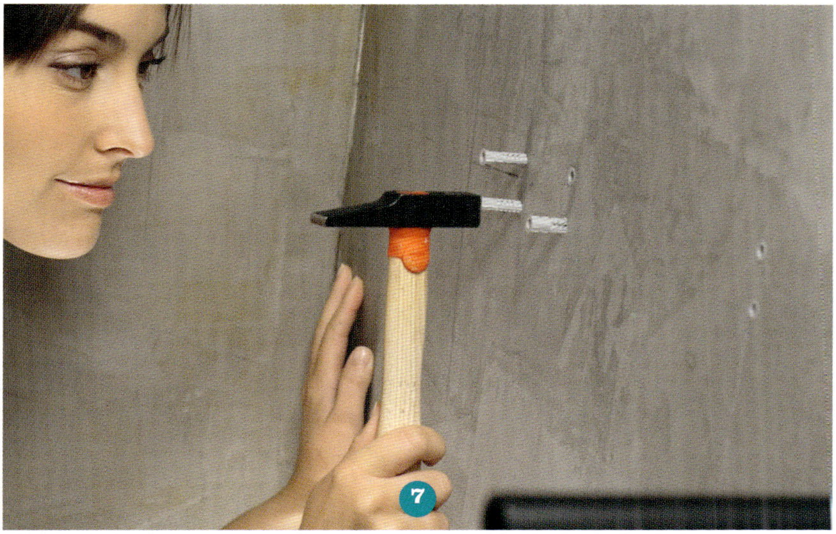

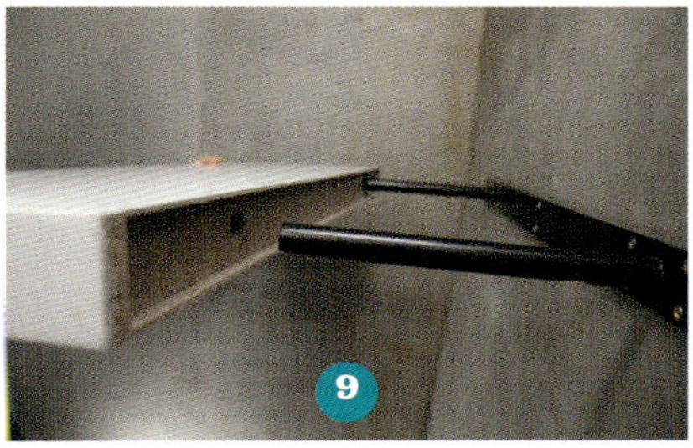

8

Alle restlichen Schrauben mithilfe des Akku-Schraubers in die Dübel drehen.

9

Ist das Befestigungssystem sicher in der Wand verankert, das Regal in die Stangenkonstruktion einführen und die gewünschten Dekorationsgegenstände daraufstellen.

Anbringung einer Gardinenstange

Handwerkszeug und Material

- 1 Bleistift
- 1 Hammer
- Dübel und Schrauben in Größe und Durchmesser passend zum Befestigungssystem der Vorhangstange
- 1 Rollbandmaß
- 1 Wasserwaage
- 1 Bohrmaschine mit Schlagwerk und entsprechendem Bohreinsatz (korrespondierend zur Dübelgröße und -art)
- 1 Rolle Klebeband
- 1 Kreuzschlitzschraubendreher
- 1 Vorhangstange mit passendem Befestigungssystem

EINE GARDINEN- ODER VORHANGSTANGE ANZUBRINGEN IST EIN KINDERSPIEL, WENN MAN SCHRITT FÜR SCHRITT VORGEHT. VOR ARBEITSBEGINN SORGFÄLTIG DIE STELLEN AUSMESSEN UND MARKIEREN, AN DIE DIE VORHANGSTANGE ANGEBRACHT WERDEN SOLL.

Los geht's

Die folgenden Empfehlungen sind für sämtliche Gardinenstangenausführungen und -modelle mehr oder weniger modifiziert anwendbar: Vorhangstangen mindestens 5 cm über dem Fenstersturz anbringen. Die gewählte Vorhangstange sollte jeweils einen seitlichen Überstand von mindestens 20 cm besitzen.

–

Vor dem Bohren den Wanduntergrund prüfen, um die zum Material passende Befestigungsmethode und die Belastbarkeit des Montageteils zu ermitteln (siehe hierzu die Ausführungen auf Seite 98 bis 117).

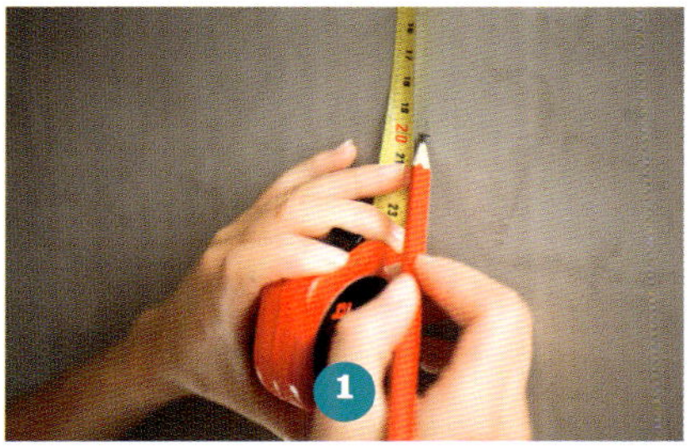

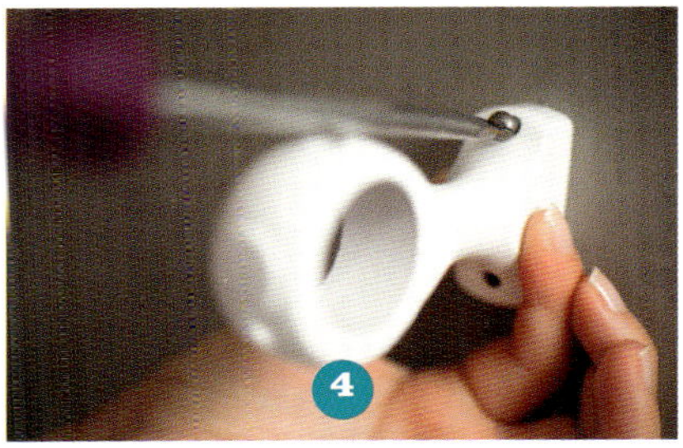

1

Mit Maßband und Bleistift den Befestigungspunkt für den ersten, rechten Gardinenstangenträger ausmessen und markieren.

2

Anschließend das erste Dübelloch bohren. Beachte: Den Bohrer vor dem Bohren zentral über die Markierung halten und möglichst gerade in die Wand bohren. Säubern des Lochs (zum Beispiel mit Staubsauger, Pfeifenreiniger etc.). Bleibt Bohrmehl im Führungsloch zurück, verringert sich die Qualität der Verankerung.

3

Nach diesem Arbeitsabschnitt den Dübel mit leichten, vorsichtigen Hammerschlägen in die Wand setzen.

4

Mit dem Kreuzschlitzschraubendreher die Halterung mit der Schraube durch das obere Loch rechts vom Fenster festschrauben.

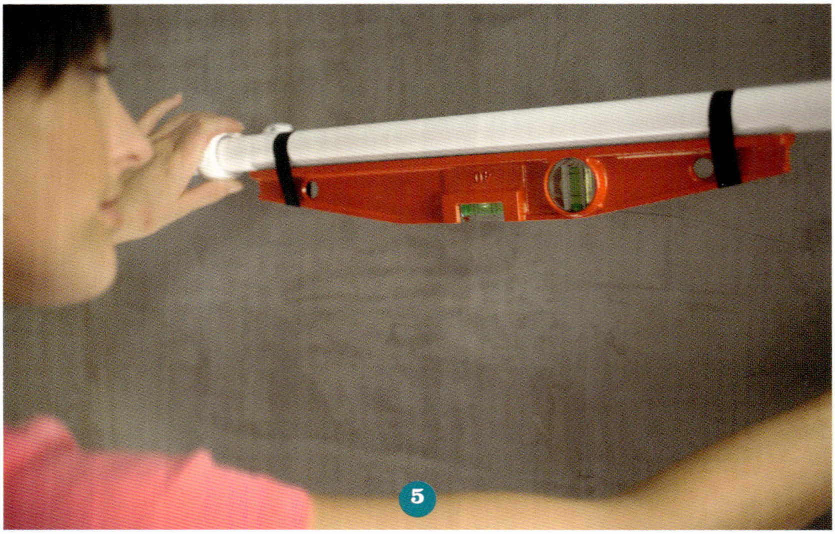

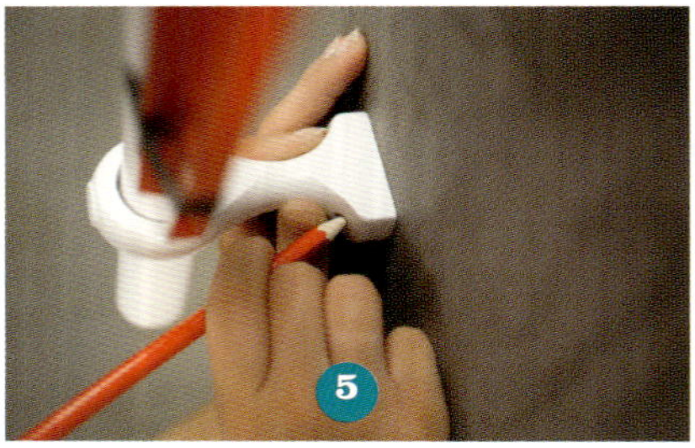

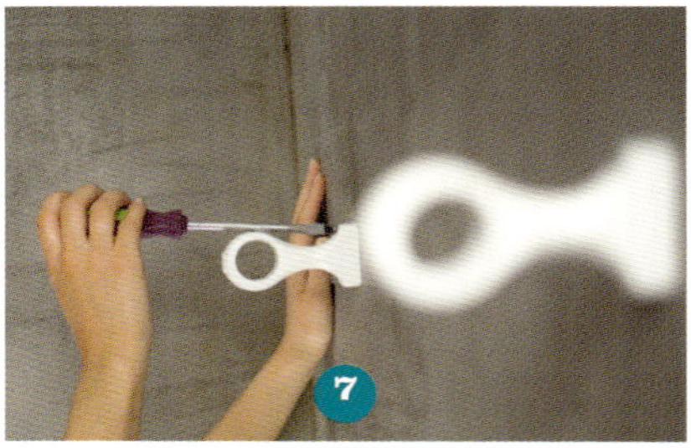

5

Anschließend mit Wasserwaage und Gardinenstange den linken Befestigungspunkt ermitteln und markieren, um eine perfekt waagerechte Ausrichtung der Stange zu erzielen. Hierzu die Wasserwaage mit zwei Streifen Klebeband an der Vorhangstange befestigen und in den rechten Träger schieben (oder je nach System einklicken). In der waagerechten Verlängerung der ersten Halterung den Befestigungspunkt des linken Trägers ausmessen und mit Bleistift markieren (siehe Arbeitsschritte 1 und 2).

6

Die Dübelbohrungen an den entsprechenden Markierungspunkten anbringen. Anschließend Bohrlöcher säubern und die Dübel mit dem Hammer einsetzen (siehe Arbeitsschritte 2 und 3).

7

Mit dem Kreuzschlitzschraubendreher den Gardinenstangenträger links von der Fensterlaibung an die Wand schrauben.

8

Die Wasserwaage von der Gardinenstange lösen, die Stange reinigen und in die Halterungen einführen.

9

Das Loch für den letzten Dübel bohren und diesen mit dem Hammer in die Wand setzen.

10

Mit der letzten Schraube die rechte Befestigung der Gardinenstange abschließen.

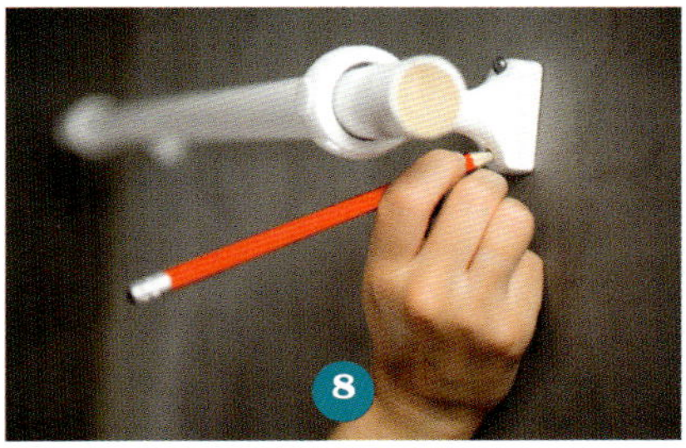

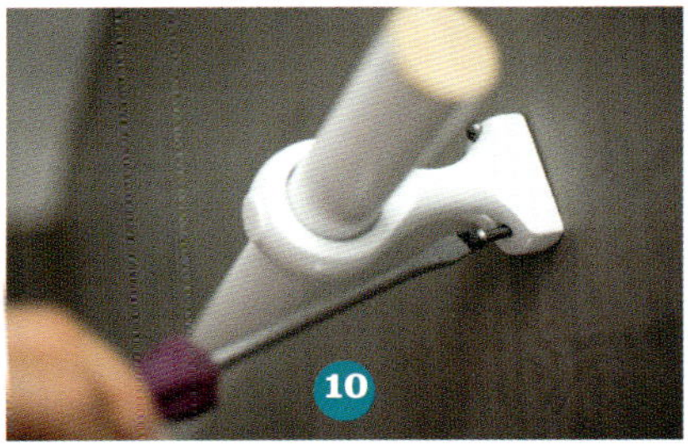

11

Den Vorhang (oder die Vorhangringe, falls diese an der Stange hängen) auf die Gardinenstange schieben.

12

Die Stopperschrauben in den Trägern mit dem Schraubendreher so weit hineindrehen, bis die Vorhangstange gut fixiert ist, sodass der Vorhang sicher bewegt werden kann. Nach dem Aufstecken oder Festschrauben der Endstücke bist du fertig.

Tipps & Tricks

Mit derselben Methode kann auch eine Vorhangstange für in die Wand eingelassene Regale oder Schränke angebracht werden, um diese hinter einer Gardine zu verbergen.

*

Montage eines Badezimmerregals

Handwerkszeug und Material

- 1 Zimmermannsbleistift (Multigrafstift)
- 1 große Rolle Klebeband
- Dübel für den Baustoff der zu bohrenden Wand mit passenden Schrauben
- 1 Schutzbrille
- 1 Bohrmaschine mit Bohreinsatz (passend zum Durchmesser der anzubringenden Dübel)
- 1 Gummihammer
- 1 Schraubendreher
- 1 Vorhangstange mit Zubehör

IST DEIN BADEZIMMER KLEIN, KANNST DU EINE ODER MEHRERE STANGEN FÜR DAS AUFHÄNGEN VON BADEZIMMERZUBEHÖR ANBRINGEN. AUCH DIE MONTAGE VON HAKEN HILFT, DIE NÖTIGEN GEGENSTÄNDE PLATZSPAREND AUFZUBEWAHREN.

Los geht's

Fliesen niemals ohne die nachfolgend aufgelisteten Vorsichtsmaßnahmen anbohren: Die Fliesen könnten während des Bohrens einen Sprung bekommen oder sogar splittern.

–

Vor dem Bohren den Wanduntergrund prüfen und je nach Befund die Befestigungsmethode dem Material und dem Gewicht des Montageteils anpassen (siehe die Angaben auf den Seiten 98 bis 117).

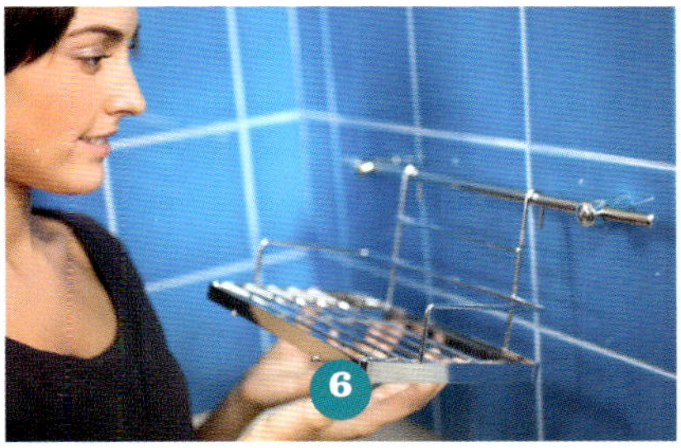

1

Zwei Klebestreifen über die Stellen kleben, an denen das Befestigungssystem angebracht werden soll. Anschließend die Punkte für die Dübelbohrungen auf den Klebestreifen mit dem Zimmermannsbleistift markieren.

2

Die Schutzbrille aufsetzen und die Bohrmaschine auf »drehen«, keinesfalls auf »schlagbohren« einstellen. Den Bohrer senkrecht über die zuvor angebrachten Markierungen auf den Klebestreifen aufsetzen und mit der langsamsten Drehzahl sehr vorsichtig bohren: Dank der Klebestreifen hat der Bohrer eine gute Führung und rutscht auf der glatten Fliesenoberfläche nicht ab. Ist die glasierte Oberfläche der Fliese durchbohrt (»angekörnt«), kann, falls nötig, das Schlagwerk zugeschaltet werden.

3

Die Klebestreifen abziehen, Führungslöcher vom Bohrmehl befreien und die Dübel in die Löcher stecken. Diese mit leichten Schlägen mit dem Gummihammer in die Öffnung treiben.

4

Mit dem Schraubendreher die Stangenhalterungen in die Dübel schrauben. Auch hier ist höchste Vorsicht angebracht, damit die Fliese durch das Aufspreizen der Dübel nicht beschädigt wird.

5

Sind die beiden Halterungen der Stange fest fixiert, die Stange einfach hineinschieben.

6

Jetzt kannst du das Objekt einhängen.

Einbau eines Rauchmelders

Handwerkszeug und Material

- 1 Zimmermannsbleistift
- 1 Akku-Schrauber oder 1 Bohrmaschine und 1 Schraubendreher
- Dübel und Schrauben passend für den Baustoff, auf dem das Gerät angebracht werden soll (1)
- 1 Trittleiter
- 1 Hammer
- Rauchwarnmelder (batteriebetrieben) und 1 oder mehrere passende Batterien

SEIT EINIGEN JAHREN WIRD FÜR WOHNUNGEN MINDESTENS EIN RAUCHMELDER PRO STOCKWERK EMPFOHLEN ODER SOGAR GESETZLICH VORGESCHRIEBEN. OB EIGENTÜMER ODER MIETER, IN NEU- ODER ALTBAUTEN, DIE INSTALLATION DIESES GERÄTES IST IMMER SINNVOLL – UND SEHR EINFACH!

Los geht's

Rauchwarnmelder kontrollieren permanent den Zustand der Raumluft in Häusern und Wohnungen. Bei Rauchbildung senden sie ein durchdringendes Warnsignal aus. Beim Kauf solltest du darauf achten, Rauchmelder mit dem CE-Zeichen inklusive Prüfnummer und der Angabe DIN EN-14 604 auszuwählen. Das »Q« in Verbindung mit dem Prüfzeichen von VdS Schadenverhütung oder dem KRIWAN Testzentrum ist ein weiteres Qualitätsmerkmal.

–

Bleibt noch anzumerken, dass es auch spezielle Rauchmelder für Gehörlose oder Hörgeschädigte gibt: Sie alarmieren mit sehr lauten Signaltönen, Lichtblitzen und Vibrationen.

Wo bringst du einen Rauchmelder an?

Rauchmelder werden ausnahmslos an der Decke von Schlafräumen, Kinderzimmern und von Fluren installiert, über die Rettungswege von Aufenthaltsräumen führen. Rauch steigt immer zur Decke und sammelt sich in Treppenhäusern oder langen Korridoren. Küchen und Bäder sollten wegen der normalen, intensiven Dampf- und Rauchbildung frei bleiben.

1

Rauchmelder aus der Verpackung nehmen, öffnen und mit den passenden Batterien bestücken. Sofort testen, ob das Gerät funktioniert. Dies zeigt ein Lichtsignal an, das in regelmäßigen Intervallen ausgesendet wird.

2

Auf die Trittleiter steigen. An der Montagestelle für das Gerät mit Bleistift die Dübelbohrungen anzeichnen.

3

An den Markierungen die Dübellöcher in die Decke bohren und die Dübel mit leichten Hammerschlägen vorsichtig einsetzen. Mit einem Schraubendreher oder dem Akku-Schrauber die Halteplatte des Rauchmelders in die angebrachten Dübel schrauben.

4

Die Batterien in das Gehäuse einlegen und auf der Halteplatte fixieren.

*****

Die Funktionsfähigkeit des Rauchmelders überprüfen:
- immer wieder testen, ob das Gerät in regelmäßigen Abständen das Lichtsignal aussendet, das seine Funktionsbereitschaft anzeigt.
- von Zeit zu Zeit das Alarmsignal überprüfen, indem man den dafür zuständigen Knopf drückt.

Falls nötig, den Rauchmelder mit einem leicht angefeuchteten Tuch abstauben. Verstopft Staub das Gerät, wird das Alarmsignal verspätet oder grundlos ausgelöst.

Sendet der Rauchmelder einen Piepton aus, müssen die Batterien ausgetauscht werden.

(1) Siehe die Seiten 98 bis 117.

Tipps & Tricks

Sind Rauchmelder installiert, die Versicherung davon informieren: Du profitierst vielleicht von einer Senkung deiner Gebäudeversicherung.

*

1. Wozu dient die Einstellung »schlagbohren« an einer Bohrmaschine?

a. Zur Geräuschminderung beim Bohren.
b. Zum erfolgreichen Bohren in Stein, Beton oder Vollziegel.
c. Sie erhöht den Wirkungsgrad der Bohrmaschine.

2. Wann benutzt man einen Metalldetektor beim Anbringen von Befestigungssystemen?

a. Wenn man das Vorhandensein von elektrischen Leitungen, Wasserleitungen oder Metallarmaturen vor dem Bohren feststellen möchte.
b. Wenn man verloren gegangene Schrauben oder Nägel wiederfinden will.
c. Wenn festgestellt werden soll, ob der zu montierende Gegenstand Metallteile besitzt.

3. Wie stellt man fest, aus welchem Baustoff die Wand besteht, an der ein Gegenstand befestigt werden soll?

a. Dazu wird mit einem Werkzeug leicht gegen die Wand geklopft: Der entstehende Ton erlaubt Rückschlüsse auf ihre Beschaffenheit.
b. Man bohrt an einer gut einsehbaren Stelle ein Loch in die betreffende Wand und analysiert die Farbe des Bohrmehls.
c. Die Ergebnisse beider Tests vergleichen. Anschließend weiß man zweifelsfrei, aus welchem Material die Wand besteht.

4. Was versteht man unter einem Kippdübel?

a. Einen Dübel, mit dem man einen leichten Gegenstand an einer Decke aus porigem Gefüge (zum Beispiel aus Gipskartonplatten) befestigen kann.
b. Einen beweglichen Dübel, mit dem ein beweglicher Gegenstand (Mobile, Hängematte) befestigt werden kann.
c. Einen Dübel für Befestigungen an Ziegelwänden.

5. Was ist ein Holz-Handbohrer?

a. Ein spezieller Bohreinsatz für Holz für die Bohrmaschine.
b. Ein Werkzeug, mit dem man von Hand bohren kann.
c. Eine Spezialschraube für Holz.

6. Welcher Dübeltyp eignet sich für die Befestigung von schweren Gegenständen in festem Gefüge?

a. Ein Universaldübel.
b. Ein Federklappdübel.
c. Ein Metallhohlraumdübel.

7. Weshalb klebt man vor dem Bohren Fliesen mit Klebeband ab?

a. Zur Geräuschdämmung der Bohrmaschine.
b. Für schnelles Bohren, ohne die Fliese zu beschädigen.
c. Damit die Spitze des Bohreinsatzes nicht von der Fliese abgleitet und diese nicht springt oder splittert.

8. In welcher Reihenfolge geht man bei der Befestigung eines Regals mit Winkelträgern vor?

a. Die Winkelträger werden zuerst an der Wand und dann das Regal an den Winkelträgern befestigt.
b. Die Winkelträger zuerst am Regal und anschließend das Regal an der Wand fixieren.
c. Beide Praktiken sind zulässig.

9. Wann ist eine Wasserwaage präzise waagerecht ausgerichtet?

a. Wenn die Libelle (Gasblase) exakt in der Mitte zwischen den beiden Begrenzungsmarkierungen am Sichtfenster (rechts und links der Libelle) liegt.
b. Wenn die Libelle rechts von der Begrenzungsmarkierung am Sichtfenster liegt.
c. Wenn die Libelle genau links von den Markierungen auf dem Sichtfenster liegt.

10. Welchen Drehgang wählt man, um ein Führungsloch mit der Bohrmaschine zu bohren?

a. Einen Drehgang mit hoher Geschwindigkeit, um den Baustoff schnell zu durchbohren.
b. Einen hohen Drehgang, um die Arbeit schneller zu erledigen.
c. Den 1. Drehgang (niedrige Geschwindigkeit), um ein möglichst präzises Loch zu bohren.

Lösungen: 1b, 2a, 3c, 4a, 5b, 6c, 7c, 8b, 9a, 10c

Elektro-installationen

Elektro-
installationen

Sicherheit bei Elektroinstallationen

Wer sich an kleinere Elektroarbeiten in Wohnung oder Haus wagt, sollte über gewisse Grundkenntnisse über Strom und Elektrizität verfügen. Besonders wichtig sind hierbei die (vom VDE* festgelegten) gültigen Normen und Sicherheitsvorschriften für Elektrotechnik, Elektronik und Informationstechnik. Diese Regeln sind auch im Alltagsleben gültig.

Was versteht man unter Elektrizität?

Elektrischer Strom ist die Bewegung von Ladungsträgern, wie Elektronen oder Ionen, durch eine bestimmte Fläche (zum Beispiel durch einen Drahtquerschnitt oder eine Neonröhre). Bekannt ist das Phänomen seit der Antike. Schon damals beschäftigten sich die Menschen mit dem Naturphänomen »Blitz«, der elektrostatischen Aufladung von Bernstein und dem elektrischen Schock des Zitterrochens. Wissenschaftlich erforscht wird die Elektrizität seit dem 16. Jahrhundert. Mitte des 19. Jahrhunderts erfand Benjamin Franklin den Blitzableiter sowie den ersten Prototyp einer Batterie. In den folgenden Jahrhunderten gelang es Wissenschaftlern und Ingenieuren, künstlich Strom in Elektrizitätswerken zu produzieren. Heute ist der elektrische Strom aus unserem täglichen Leben nicht mehr wegzudenken.

Woher kommt der elektrische Strom?

Stromlieferanten sind bei uns in den meisten Fällen Kraftwerke, die ihren Strom aus unterschiedlichen Primärenergieformen wie Kohle-, Kern-, Wind- oder Wasserenergie herstellen. Von den Kraftwerken führen Hochspannungsleitungen den Strom zu Transformatorstationen, wo er auf eine verbrauchergerechte Spannung von 230 beziehungsweise 400 Volt herabtransformiert wird. Von dort fließt der Strom über Erd- oder Freileitungen zu den Hausanschlusskästen und über ein Haupt- oder Speisekabel zu den Hauptsicherungen. Über einen Stromzähler geht es weiter zum Verteilerkasten. In diesem sind sämtliche Wohnungs- und Haussicherungen zusammengefasst, die jeweils einen eigenen Stromkreis absichern. Die einzelnen Stromkreise wiederum speisen die sogenannten »ortsfesten« Stromverbraucher, nämlich Schalter und Steckdosen.
Erst an dem, was dem Zähler (Eigentum des zuständigen Elektrizitätswerks) nachgeschal-

*Verband der Elektrotechnik, Elektronik und Informationstechnik e. V.

Welches sind die Risiken und entsprechenden Sicherheitsmaßnahmen bei Elektroinstallationen?

tet ist, darf der Elektriker Installationen vornehmen.

Der menschliche Körper ist ein Stromleiter, denn er besteht zum großen Teil aus Wasser. Und Wasser selbst ist ein sogenannter »Leiter«. Wird der Strom auf den menschlichen Körper übertragen, spricht man von Elektrisierung. Im Fall einer tödlichen Elektrisierung, also einem tödlichen Stromschlag, spricht man von einer Elektrokution.

Um Risiken zu vermeiden, sollte man sich im täglichen Leben und bei Elektroinstallationen in Wohnung und Haus an einfache Regeln halten:

➔ Nie einen metallischen Gegenstand berühren, der unter Strom steht. Auch ein Strom leitender Fußboden (nasser Boden, Verputz, Zement, Fliesen) kann einen tödlichen elektrischen Schlag auslösen.

➔ Nie eine elektrische Vorrichtung wie eine Steckdose oder einen Schalter berühren, wenn man auf nassem Boden steht, nackte Füße oder nasse Hände hat.

➔ Den Elektrostecker eines Geräts niemals am Kabel, sondern am Stecker selbst herausziehen.

➔ Mehrfachsteckdosen nie überlasten, möchte man die Gefahr eines Kurzschlusses oder Kabelbrandes ausschließen.

➔ Steckdosen mit Kindersicherungen ausrüsten, damit Kleinkinder ihre Finger nicht hineinstecken können …

➔ Beim Einzug in ein altes Haus oder eine Altbauwohnung sicherstellen, dass die Elektroanlagen nicht veraltet sind, sondern modernen Standards (siehe nächste Seite) entsprechen. Im Zweifelsfall einen professionellen Elektriker hinzuziehen.

➔ Beschädigte oder defekte Steckdosen oder Schalter unbedingt auswechseln.

➔ Bei Arbeiten an der Elektrik in Haus oder Wohnung den Strom über den Hauptschalter immer ausstellen!

➔ Nie an einer Wand oder einer Zimmerdecke bohren, ohne sich vergewissert zu haben, dass an betreffender Stelle keine elektrischen Kabel verlaufen.

➔ Ist es unvermeidbar, in einem Zimmer mit nassem Boden zu arbeiten, unbedingt Schuhe mit isolierenden Gummisohlen tragen.

Spannung, Stromstärke, Widerstand und Elektrizitätsmenge – wofür stehen die Kürzel für die Maßeinheiten V, A und W?

VOLT (V)

Strom fließt nur, wenn Spannung vorhanden ist, und diese wird in Volt (V) gemessen. Die elektrische Spannung ist vergleichbar mit dem Druck in der Wasserleitung, der Voraussetzung dafür ist, dass Wasser fließt. Die Bezeichnung Volt ist nach dem italienischen Physiker Alessandro Volta (19. Jahrhundert) benannt.

AMPERE (A)

In Ampere (A) wird die Stromstärke gemessen. Diese Maßeinheit gibt die Strommenge an, die während einer bestimmten Zeit durch die Leitungen fließt. Der Widerstand wird in Ohm (Ω) gemessen und beeinflusst die Stromstärke. Je größer der Widerstand, desto weniger Strom fließt. Die Maßeinheit Ampere ist nach dem Physiker André-Marie Ampère benannt, der im 19. Jahrhundert den ersten elektrischen Telegrafen und den Elektromagneten entwickelte.

WATT (W)

Watt (W) ist eine Maßeinheit für die Leistung, die ein elektrisches Gerät oder eine Lampe verrichtet. Ihr Name leitet sich von dem britischen Ingenieur James Watt ab, der im 18. Jahrhundert die Dampfmaschine erfand.

Gültige Normen und Sicherheitsvorschriften für die Elektrotechnik in Deutschland

Zur Sicherheit und Vermeidung von Gefährdungen in Verbindung mit elektrischem Strom müssen besondere Regeln beachtet werden.

Im Fall von Haus- oder Wohnungskäufen sollte man sich bewusst sein, dass alte Elektroinstallationen in größeren Abständen überprüft und erneuert werden sollten. Eine moderne Anlage sollte bestehen aus:

→ Einem Sicherungskasten mit einem Hauptschalter. Dieser sollte jederzeit leicht zugänglich sein und gewährleisten, dass der Strom schnell im gesamten Wohnbereich ausgeschaltet werden kann.

→ Einem Schutzschalter für den Fall von Leitungsüberlastungen und Kurzschlüssen.
Die Sicherheitsvorschriften schreiben hier einen FI-Schutzschalter (Fehlerstromschutzschalter) zur Verhinderung von Stromunfällen in Niederspannungsnetzen mit einer Auslösestromdifferenz von 300 mA (Milliampere) vor. Der Schutzschalter schaltet sich in diesen Fällen selbstständig aus und unterbricht den gesamten Stromkreis.

→ Des Weiteren ist eine Schutzerdung unerlässlich, damit der FI-Schutzschalter seine Schutzfunktion wahrnehmen kann.

In Deutschland sind Fehlerstromschutzschalter für Badezimmer und Dusche in Neubauten gefordert. Außerdem müssen alle Steckdosenstromkreise mit einem Bemessungsdifferenzstrom bis zu 20 mA, die zur allgemeinen Verwendung bestimmt sind, mit einer Fehlerstromschutzeinrichtung mit einem Bemessungsdifferenzstrom von 30 mA ausgestattet sein. Bei dieser Komplexität ist es ratsam, vor eigenmächtigen Manipulationen einen Fachmann hinzuzuziehen. Bei Mietwohnungen oder gemieteten Häusern ist im Übrigen der Eigentümer gesetzlich verpflichtet, Wohnraum zu vermieten, dessen Elektroinstallationen für die Mieter keine Gefahr darstellen und mit einem Minimum an Komfort ausgestattet sind. Derartige Installationen müssen mindestens enthalten:

→ Ein sicheres Stromnetz, das keinen direkten Kontakt mit den Strom führenden Teilen zulässt und in einwandfrei funktionierendem Zustand ist. Darüber hinaus eine ausreichende Beleuchtung des gesamten Wohnraums (mindestens eine Lichtquelle pro Zimmer). Die Funktion der Elektrogeräte muss gewährleistet sein.

→ Für deine Sicherheit gilt: nur Geräte mit VDE-Zertifikat benutzen.

→ Für alle Arbeiten rund um Elektroinstallationen und das Hantieren mit Elektrogeräten gelten ebenfalls strenge Richtlinien, über die man sich auf dem Laufenden halten sollte (siehe VDE-Richtlinien).

Merlin Gerin
40A
C20
C16

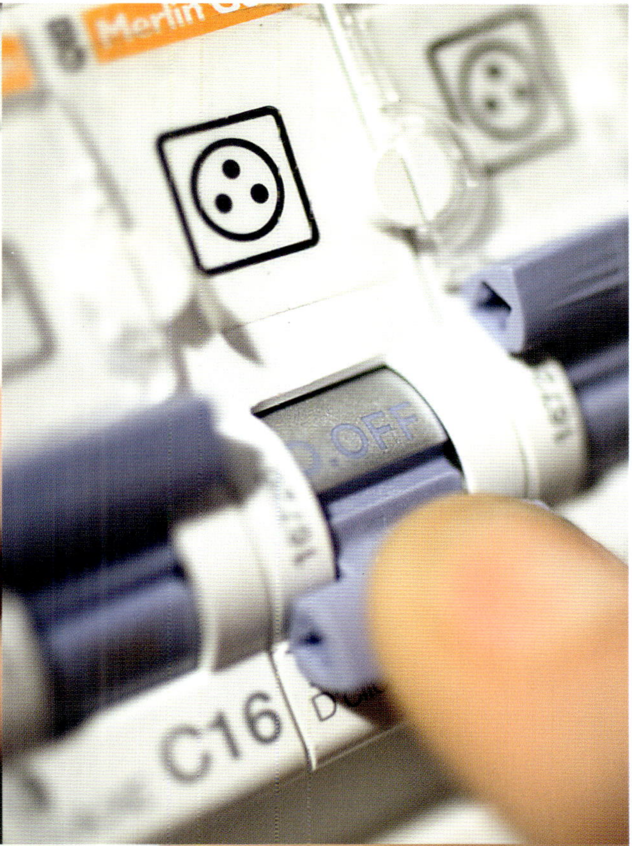
C16

NE PAS
TOUCHER
!!

Welche Funktionen haben die unterschiedlichen Elemente eines Verteilerkastens?

Die Elektroinstallationen eines Hauses oder einer Wohnung werden von drei Leitungen gespeist, die die Stromkreise des Wohnraumes bilden: dem Außenleiter (braun, schwarz oder grau)*, umgangssprachlich auch Phase genannt, und dem Neutralleiter (blau). Ist ein Gerät an eine Steckdose angeschlossen, fließt Strom vom Außenleiter zum Neutralleiter. Der Dritte im Bunde ist der Schutzleiter (grün-gelb), die Erdung.

Das Leitungsnetz einer Wohnung oder eines Hauses wird von Außenleiter und Neutralleiter gebildet, deren Dimensionierung an die erforderliche Belastung angepasst sein muss. So hat zum Beispiel das Kabel einer Deckenleuchte eine geringere Dimensionierung als das Stromkabel einer Waschmaschine. Um eine Überhitzung der Stromleitungen zu vermeiden, darf nur eine begrenzte Zahl von Geräten an ein Kabel angeschlossen werden.

Der Verteiler spielt eine wesentliche Rolle für die Sicherheit, Optimierung und Transparenz der Elektroinstallation für Haus oder Wohnung. Er erlaubt:

→ Den Strom in der gesamten Wohnung, in Teilbereichen oder im ganzen Haus abzuschalten.

→ Die Stromverteilung im Haus oder in der Wohnung sichtbar zu machen.

→ Die Anzeige von überlasteten oder defekten Leitungen oder Geräten durch ausgefallene Sicherungen oder abgeschaltete Schutzschalter.

Um die Funktionen der wesentlichen Elemente des Verteilers zu kennen, siehe nachfolgende Auflistung:

→ Der Hauptschalter (ein oder mehrere FI-Schalter)
Mit ihm kann die gesamte Stromzufuhr abgeschaltet werden. Auf diesem Schalter ist die maximale Stromstärke, für die die Leitungen ausgelegt sind, verzeichnet (zum Beispiel 400 V).

→ Der Leitungsschutzschalter (Sicherungsautomat)
Hierbei handelt es sich um eine Überstromschutzeinrichtung. Das heißt, sie schützt Leitungen vor Überhitzung oder Kabelbrand durch Überlastung und schaltet sich automatisch aus. Gleichzeitig schützt er Personen vor Stromschlägen.

→ Selektive Leitungsschutzschalter
Diese kleinen, sekundären Schutzschalter dienen zur Unterbrechung von jeweils nur einem Stromkreis. In den neueren Verteilungskästen haben sie die Funktion der noch vor Kurzem üblichen Schmelzsicherungen übernommen.

→ Schmelzsicherungen
In alten Verteilerkästen befinden sich kleine, zylindrische Porzellansicherungen. In Deutschland handelt es sich meistens um sogenannte Schraubsicherungen. Überschreitet die Stromstärke einen bestimmten Grenzwert, unterbricht die Sicherung durch Abschmelzen eines Schmelzleiters den betreffenden Stromkreis.

* Die nachfolgenden Fotografien zeigen rot gefärbte Isolierungen der Außenleiter. Solchermaßen gefärbte Außenleiter findet man noch gelegentlich in Altinstallationen. Aufgrund der Verwechslungsgefahr ist diese Farbe in Deutschland nicht mehr zugelassen. Siehe Artikel über die Elemente des Verteilerkastens!

Was versteht man unter einer Erdung?

Aus Sicherheitsgründen enthalten Steckdosen heute sogenannte Schutzkontakte, die Fehlströme ableiten, die bei einem Körperkontakt auftreten können, sobald der elektrische Stromkreis durch die beiden anderen Pole geschlossen wird. Bei dem in Deutschland üblichen Schukostecker (Schutzkontaktstecker) wird dies über Kontaktflächen an der Steckerseite und den zugehörigen Kontaktfedern der Dose erreicht.

Obiges Bild links zeigt den französischen Steckertyp, der einen Erdungszapfen besitzt und dieselbe Funktion (Erdung) übernimmt wie die deutschen Schutzkontakte. Er ist mit dem deutschen System mechanisch nicht kompatibel.
Auf dem rechten Bild sind die Anschlüsse für den Außenleiter (rot), den Schutzleiter (grün-gelb) und den Neutralleiter (blau) zu sehen. Das grün-gelbe Erdungskabel leitet den Fehlstrom bei schlechter Isolierung eines Gerätes oder eines Kabels in die Erde ab.

Welche unterschiedlichen Glühlampen gibt es?

→ Die klassische Glühbirne
Die klassischen Glühbirnen haben eine Lebensdauer von ca. 1000 Stunden und liefern Licht in einem als meist sehr angenehm empfundenen warmen Farbton. Leider sind Glühbirnen große Stromvergeuder. Sie gelten als sogenannte Temperaturstrahler, da 95 % der eingespeisten Leistung in Form von Wärme abgestrahlt werden. Nur 5 % werden letztendlich als sichtbares Licht abgestrahlt. Innerhalb des Glaskörpers bringt Strom einen gewendelten Wolframdraht zum Glühen. Glühbirnen haben unterschiedliche Formen: z. B. Kerzen-, Tropfen- und Reflektorform.
Seit dem Verbot von Glühbirnen 2008 sind jedoch zunächst die 100 Watt-, nach und nach auch die Glühbirnen, die über 40 Watt verbrauchten, aus dem Handel gezogen worden. Im Jahre 2012 folgen auch die Glühbirnen mit weniger als 40 Watt.

→ Die Halogen-Glühlampe
Halogenlampen erzeugen ein weißes Licht und haben eine längere Lebensdauer (2000 bis 5000 Stunden). Durch den Zusatz von Halogenen ist diese Glühbirne um das Doppelte haltbarer geworden. Außerdem sind Halogenlampen um 50 % heller, erzeugen ein brillantes Licht und sind in der Regel deutlich kleiner. Allerdings sind die darin enthaltenen Halogene gesundheitsschädlich und nicht umweltfreundlich.

→ Die Energiesparlampen oder Kompaktleuchtstoffleuchten (»ESP«)
Die Energiesparlampe hat eine längere Lebensdauer (manche schaffen bis zu 19 000 Stunden) und spart im Vergleich zu der bald gänzlich verbotenen klassischen Glühbirne an die 80 % Strom. Die Energiesparlampe erzeugt Licht nach demselben Prinzip wie die Leuchtstofflampen, konnte jedoch durch Biegen des Glasrohrs sehr viel kompakter gestaltet werden. Nachteil der Energiesparlampe ist ihr hoher, gesundheitsschädlicher und in der Entsorgung sehr problematischer Quecksilbergehalt.

→ Die Leuchtstofflampen
Diese, in der Umgangssprache auch einfach als »Neonröhren« bezeichneten Leuchtmittel sind den Kompaktleuchtstofflampen sehr ähnlich. Sie verfügen dagegen lediglich über eine gerade und keine gebogene Glasröhre. Eine Leuchtstofflampe ist ebenfalls sehr wirtschaftlich, braucht nur ein Fünftel des Stroms einer Glühbirne und hält ungefähr 12 000 Stunden.

→ Die LED-Lampen und Leuchtdioden
Leuchtdioden, auch Licht emittierende Dioden genannt, sind elektronische Halbleiter-Bauelemente. Fließt durch den Halbleiterkristall der Diode Strom in Durchlassrichtung, so strahlt sie Licht ab. Dieses Leuchtmittel verbraucht sehr wenig Strom und hat eine hohe Lebensdauer von 20 000 bis 50 000 Stunden. Grundsätzlich sollte der direkte Blickkontakt in das Licht der Leuchtdiodenlampen vermieden werden, da dadurch die Netzhaut des Auges geschädigt werden kann.

Welche kleineren Installationen kann eine Heimwerkeranfängerin allein durchführen?

–

Hast du von allen vorstehend beschriebenen Sicherheitsvorschriften Kenntnis genommen? Dann kannst du die folgenden Seiten überfliegen.

–

Du wirst feststellen, dass es selbst für eine Anfängerin ziemlich einfach ist, die Fassung einer Lampe, eine Steckdose oder einen Schalter auszutauschen.

Steckdosen auswechseln

Handwerkszeug und Material

- 1 isolierter Schlitzschraubendreher (Elektriker-Schraubendreher, Schlitz-Phasenprüfer oder Schlitzschraubendreher mit eingebautem Phasenprüfer)
- 1 neue Steckdose (passend zum Ambiente)

DIE STECKDOSE IN EINER ZIMMERWAND HAT SICH GELÖST, IST GEBROCHEN ODER ENTSPRICHT NICHT DEINEM GESCHMACK, UND DU MÖCHTEST SIE DAHER AUSWECHSELN? NICHTS EINFACHER ALS DAS! MIT NEUEM MATERIAL IST AUCH DIESE AUFGABE FÜR NEULINGE AUF DEM HEIMWERKERSEKTOR DURCHAUS MACHBAR. VORAUSGESETZT, DU BEACHTEST DIE ENTSPRECHENDEN SICHERHEITSVORKEHRUNGEN.

Los geht's

Vor dem Abbau der Steckdose die Stromzufuhr in Wohnung oder Haus über den Hauptschalter ausschalten und die Leitung mit dem Phasenprüfer auf Spannungsfreiheit überprüfen.

–

Daran denken, dass in diesem Fall ohne elektrisches Licht gearbeitet werden muss. Es ist daher nötig, sich die Aufgabe bei Tageslicht vorzunehmen. Befindet sich die betreffende Steckdose in einem fensterlosen Raum (Badezimmer, WC oder Korridor), eine Taschenlampe benutzen.

–

Beachte, dass allein das Erdungskabel (grün-gelb) an den ihm zugedachten Platz in der Mitte gehört, während das blaue Kabel (Neutralleiter) und das rote (braune, schwarze, graue) Kabel (Außenleiter) austauschbar auf die restlichen Klemmen verlegt werden können.

–

Befindet sich die alte, auszuwechselnde Steckdose in Badezimmer oder Küche und entspricht ihre Position nicht den geltenden Sicherheitsvorschriften, ist es besser, die neue Steckdose an einem günstigeren Platz zu installieren oder sie abzubauen. In diesen Fällen solltest du dich an einen Fachmann wenden. (1)

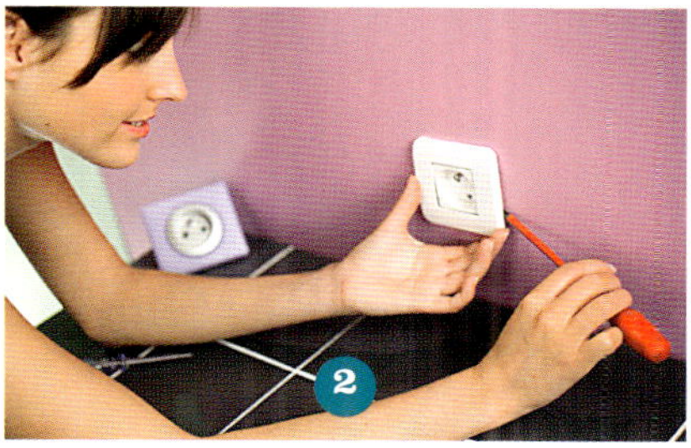

1

Eine Steckdose bereitstellen, die in Größe oder Typ der auszutauschenden Steckdose entspricht (Unterputz- oder Aufputzdose).

2

Die Blende oder Abdeckung der alten Steckdose abnehmen. Hierzu die Blende der alten Steckdose mithilfe des Schraubendrehers anheben und abziehen.

3

Um den restlichen Teil der Steckdose herauszunehmen, die Schrauben am Rahmen herausdrehen.

(1) Siehe »Sicherheit bei Elektroinstallationen«.

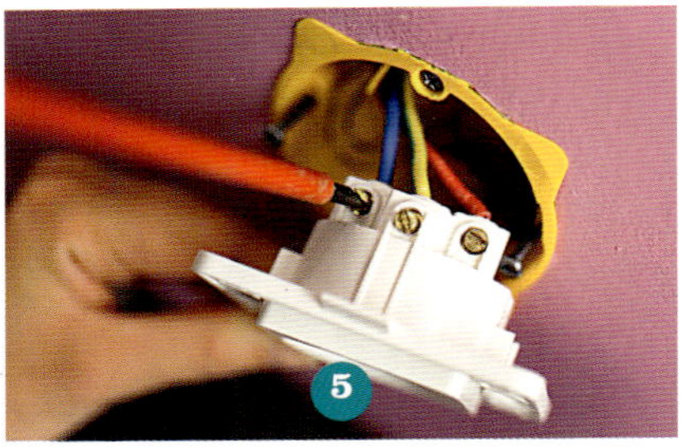

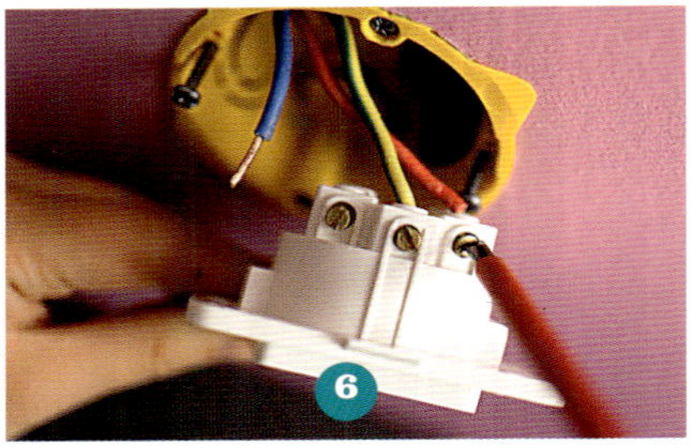

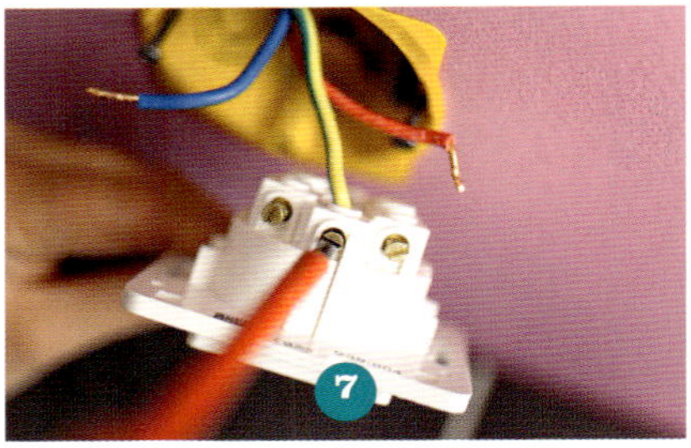

4

Sind die Schrauben gelöst, den Steckdoseneinsatz vorsichtig aus der Wand ziehen.

5

Als Erstes den Neutralleiter (blau) aus der Kontaktstelle im Steckdoseneinsatz mithilfe des Schraubendrehers lösen.

6

Anschließend auch den Strom führenden Außenleiter (hier rot, sonst braun, schwarz, grau) auf dieselbe Weise aus der Kontaktstelle lösen.

7

Zum Schluss den Schutzleiter (grün-gelb) aus der Kontaktstelle in der Mitte lösen.

8

Die neue Steckdose nehmen und die Blende abheben.

9

Prüfen, ob die Kupferkabel der alten Steckdose in gutem Zustand und nicht brüchig sind.

10

Du beginnst damit, den Schutzleiter (grün-gelb) an die Klemmen der mittleren Kontaktbuchse (grün) für die »Erdung« anzuschließen.

11

Als Nächstes den Neutralleiter (blau) und den Strom führenden Außenleiter (hier rot, sonst braun, schwarz, grau) in den beiden noch freien, außen liegenden Anschlussklemmen befestigen.

12

Den Steckdoseneinsatz wieder in die Dose drücken. Dabei darauf achten, dass die drei Kabel ordentlich in der Dose liegen.

13

Mit dem isolierten Schlitzschraubendreher die beiden äußeren Schrauben zur Befestigung des Einsatzes eindrehen. Dabei darauf achten, dass die Leitungen nicht beschädigt werden.

14

Die Blende darüberdrücken, bis sie einrastet.

*****

Ist die Steckdose ausgewechselt, den Strom wieder einschalten und mit einer Lampe (oder dem Phasenprüfer) testen, ob sie funktioniert.

Lichtschalter ersetzen

Handwerkszeug und Material

- 1 isolierter Schlitzschraubendreher (oder Schlitz-Phasenprüfer = Schlitzschraubendreher mit eingebautem Phasenprüfer)
- 1 neuer Schalter (passendes Modell, um den alten zu ersetzen)
- 1 Abisolierzange (optional)

EIN SCHADHAFTER ODER FÜR DIE NEUE INNENAUSSTATTUNG UNPASSENDER SCHALTER IST IM HANDUMDREHEN UND OHNE GROSSEN MATERIALAUFWAND AUSGEWECHSELT.

Los geht's

Vor dem Auswechseln eines Schalters mit dem Hauptschalter die Stromzufuhr in Wohnung oder Haus unterbrechen.

–

Daran denken, dass damit keine Lichtquelle für die Arbeit mehr zur Verfügung steht. Es ist daher ratsam, diese Aufgabe bei Tageslicht durchzuführen. Befindet sich der betreffende Schalter in einem fensterlosen Raum (Badezimmer, WC, Korridor), benutzt man eine Taschenlampe.

–

Bei älteren Schaltern sind die Kabel verschraubt und können nur mit einem Schlitzschraubendreher gelöst werden. Bei moderneren Modellen sind die Adern gesteckt. Sie können durch leichten Druck auf den Entsicherungshebel der Klemmen gelöst werden.

1

Ein Schaltermodell bereitstellen, das in der Bauweise dem auszuwechselnden Lichtschalter ähnelt.

2

Strom mit dem Hauptschalter abschalten und die Spannungsfreiheit des betreffenden Schalters mit dem Schlitzschraubendreher mit Phasenprüfer prüfen. Anschließend die Blende des alten Lichtschalters abschrauben oder mit dem Schlitzschraubendreher abhebeln (je nach Modell).

3

Die beiden Schrauben im darunterliegenden Rahmen der Hohlwanddose (oder der Unterputzdose bei Massivwänden) mit dem Schraubendreher lösen.

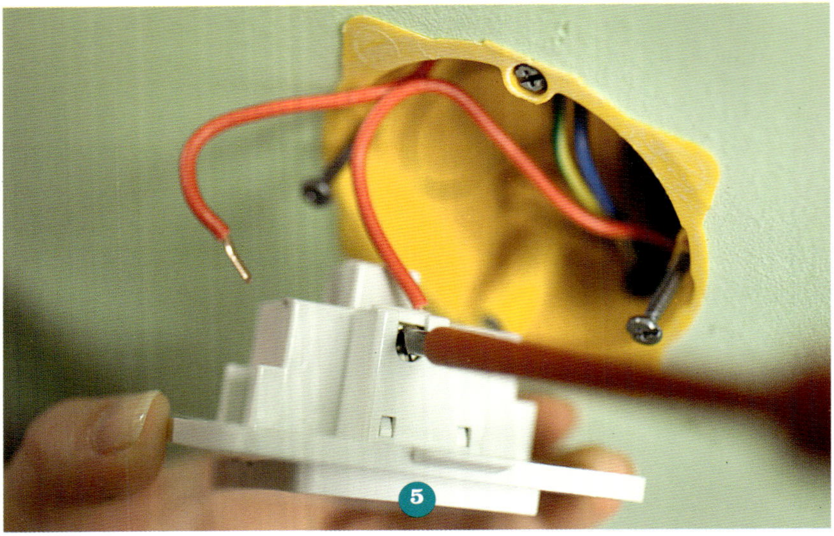

4

Sind die Montageschrauben gelöst, die Dose aus der Wand nehmen.

5

Die bisher nicht zugänglichen Adern vor der Demontage auf Spannungsfreiheit testen und sich die Verteilung der Kabel gut einprägen. Anschließend diese aus den Kontaktbuchsen nehmen: Entweder durch Lösen der entsprechenden Schrauben oder – bei gesteckten Adern – durch Druck auf den Entsicherungshebel der Klemmen herausziehen.

6

Vom neuen Schalter die Schutzblende abziehen.

7

Vergewissere dich, dass die Kupferdrähte in gutem Zustand und nicht brüchig sind. Die Adern zuvor geschraubter Anschlüsse müssen meist etwas weiter abisoliert werden. Dafür die Isolierschicht mit einer Zange (besser einer Abisolierzange) ein Stück (7 mm) weit abziehen.

8

Anschließend die Drähte einstecken oder einschrauben. Dazu den Außenleiter (Phase, hier rot, sonst braun, schwarz, grau) in den mit »L« gekennzeichneten Klemmanschluss und die beiden anderen in die restlichen Klemmen einführen oder einschrauben.

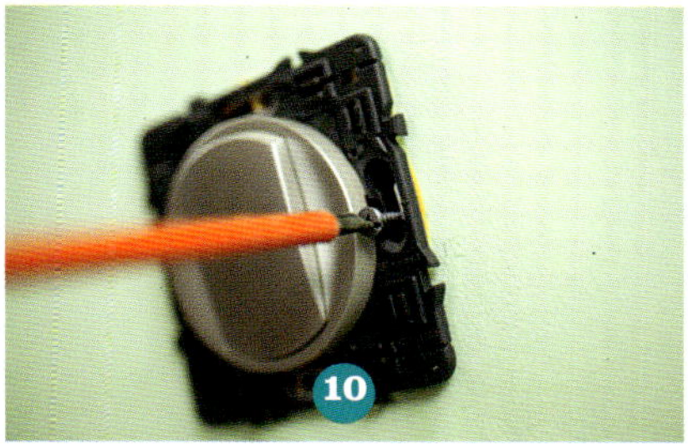

9

Einbaudose in die Wand schieben. Die Adern müssen dabei gut in den Hohlraum eingepasst werden.

10

Die Dose mit zwei Schrauben in der Wand befestigen.

11

Zum Schluss die Schutzblende darüberklemmen und einrasten lassen.

*

Ist der Schalter gewechselt und fest installiert, den Strom wieder einschalten und mit dem Phasenprüfer die Funktion des Schalters prüfen.

Eine Wandleuchte installieren

Handwerkszeug und Material

- 1 Akku-Schrauber
- 1 Bohrmaschine
- 1 Schraubendreher
- Dübel und Schrauben passend zum Baustoff, an dem die Lampe angebracht werden soll (1)
- 1 Hammer
- 1 Zimmermannsbleistift
- 1 Wandleuchte
- 1 Glühlampe

WANDLEUCHTEN VERBREITEN EIN INDIREKTES, SANFTES LICHT UND SCHAFFEN EINE INTIME ATMOSPHÄRE. SIE SIND AUCH FÜR ANFÄNGERINNEN UNTER DEN HEIMWERKERN SCHNELL ZU MONTIEREN.

Los geht's

Vor der Montage einer Wandleuchte muss der Strom in Wohnung oder Haus mit dem Hauptschalter abgeschaltet werden. Das Ausstellen des Lichtschalters genügt nicht!

1

Für eine ästhetisch ansprechende und vom Licht her günstige Installation der Wandleuchte sollte diese nicht zu hoch und nicht zu niedrig an der entsprechenden Wand angebracht werden. Besser ist ein Platz ungefähr auf der Mitte der Wandhöhe.

2

Zuerst überprüfen, ob die elektrischen Drähte, die elektrischen Anschlüsse in der Wand unter Spannung stehen (Phasenprüfer). Um die Adern in die Wandleuchte einführen zu können, die Glühlampe in der Wandleuchte herausschrauben, falls es das gewählte Modell erfordert.

3

Die Wandlampe an die Wand halten und mit dem Zimmermannsbleistift die Ansatzpunkte der Dübel markieren, die für die Lampenmontage eingesetzt werden müssen.

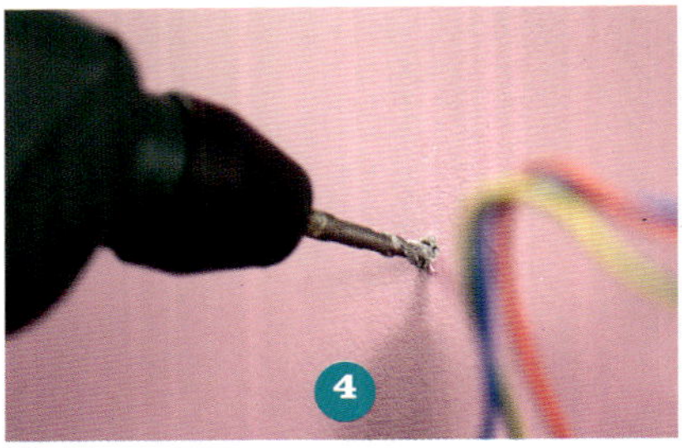

4

Die Führungslöcher für die Halterung der Lampe an den markierten Stellen in die Wand bohren, nachdem du dich vergewissert hast, wo die elektrischen Leitungen in der Wand verlaufen. (1)

(1) Siehe Kapitel »Bohren und befestigen«, Seite 110 bis 121.

5

Die Dübel mit sanften Hammerschlägen in die Wand treiben.

6

Die elektrischen Kabel von der Wand in die dafür vorgesehene Öffnung in die Wandleuchte einführen. Anschließend die Leuchte an die Wand schrauben.

7

Nun die Schutzleitung (grün-gelb) in die dafür vorgesehene Kontaktbuchse schrauben.

8

Nachfolgend die Enden des hier roten (sonst braunen, schwarzen, grauen), Strom führenden Außenleiters (Phase) und des blauen Neutralleiters abisolieren und die Drähte in die Lüsterklemme der Glühlampe einführen und festschrauben.

9

Wenn nötig die Glühlampenfassung der Wandleuchte wieder einschrauben.

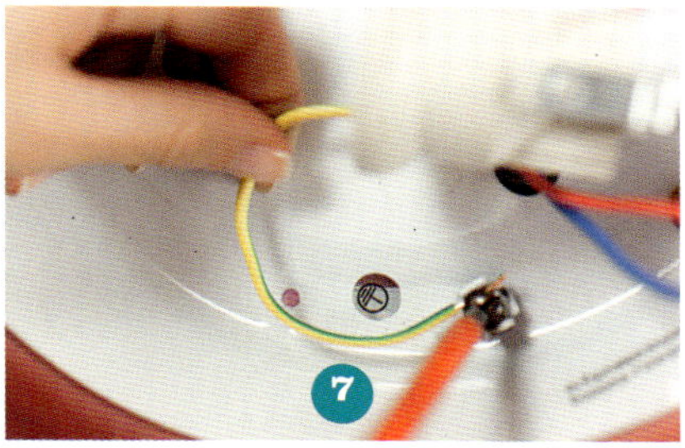

10

Die gewählte Glühlampe in die Fassung einschrauben und den Glasschirm der Wandleuchte einsetzen.

*****

Ist die Wandleuchte fest an der Wand montiert, den Strom mit dem Hauptschalter und damit die neue Lichtquelle einschalten, um sich zu vergewissern, dass alles gut funktioniert.

Eine Lampenfassung austauschen

Handwerkszeug und Material

- 1 neue Fassung
- 1 kleiner Schraubendreher

Für die korrekte Wahl des Sockeldurchmessers geh mit der alten Glühlampe in den Heimwerkermarkt: Hier kannst du die angebotenen Modelle miteinander vergleichen und eines von ihnen aussuchen. Es gibt Fassungen aus Metall, Plastik oder Porzellan. Wähle einfach das aus, was dir gefällt und preislich passt.

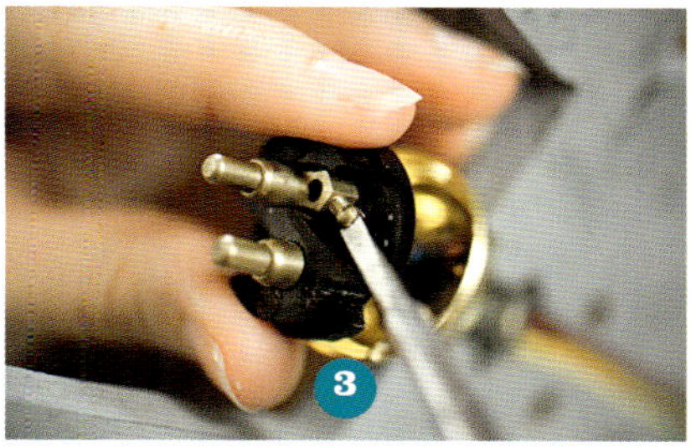

DIE FASSUNG IST DIE MECHANISCHE HALTERUNG EINER GLÜHLAMPE, DIE AUCH DEN ELEKTRISCHEN KONTAKT HERSTELLT. MIT DEM AUSWECHSELN DER FASSUNG EINER LAMPE KANN MAN IHR NEUES LEBEN EINHAUCHEN. DER ARBEITSGANG IST EINFACH UND PROBLEMLOS ZU BEWERKSTELLIGEN.

Los geht's

Bevor eine Lampenfassung ausgetauscht wird, muss aus Sicherheitsgründen die betreffende Lampe vom Stromnetz genommen und abgebaut werden.

1

Die Glühbirne aus der auszutauschenden Fassung herausdrehen oder herausschrauben. (Die Bildserie zeigt ein Modell mit Bajonettfassung und Stiftsockel, wie es überwiegend im Kfz-Bereich und für häusliche Beleuchtungszwecke in den angelsächsischen Ländern und teilweise auch in Frankreich verwendet wird.)

2

Anschließend die Fassungshülse abschrauben und abnehmen.

3

Jetzt hast du die abisolierten Kontaktstifte freigelegt (sie stellen den elektrischen Kontakt zur Glühbirne her), mit denen die Stromadern der Lampe verbunden sind.

5

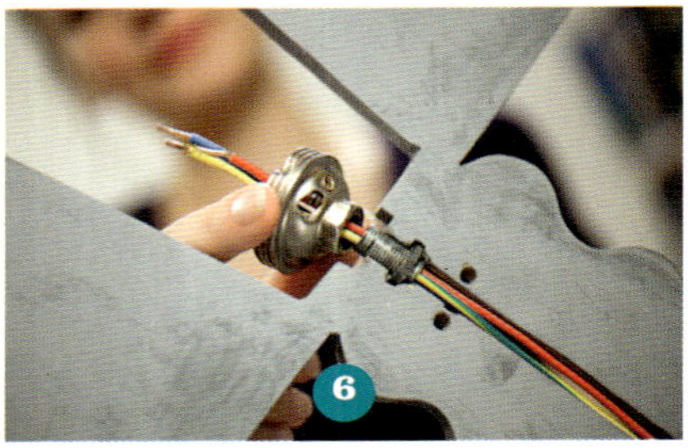
6

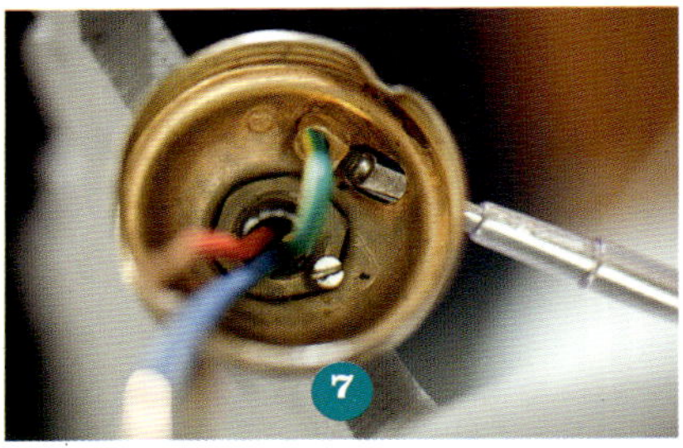
7

4

Anschließend die Lampenadern der alten Fassung abtrennen, um diese in den neuen Sockel einführen zu können. Je nach Modell genügt es, die Isolierdrähte vorsichtig aus den Kontaktstiften zu ziehen oder die Kontaktstifte, in denen sie verlaufen, abzuschrauben.

5

Die Fassungshülse der neuen Fassung abschrauben und die Fassung weiter in ihre Einzelteile zerlegen, wobei diese gut unterschieden werden sollen:
Die Kappe dient dazu, die Fassung in die Lampe zu schrauben. Der Keramikeinsatz der Fassung macht es möglich, die Elektrodrähte für die Lampe mit dem neuen Sockel zu verbinden. Die beiden Kontaktstifte verbinden gemeinsam die unterschiedlichen Teile der Fassung miteinander und bilden die mechanische Halterung für die Glühbirne.

6

Die drei Lampenkabel durch die Kappe der neuen Fassung stecken.

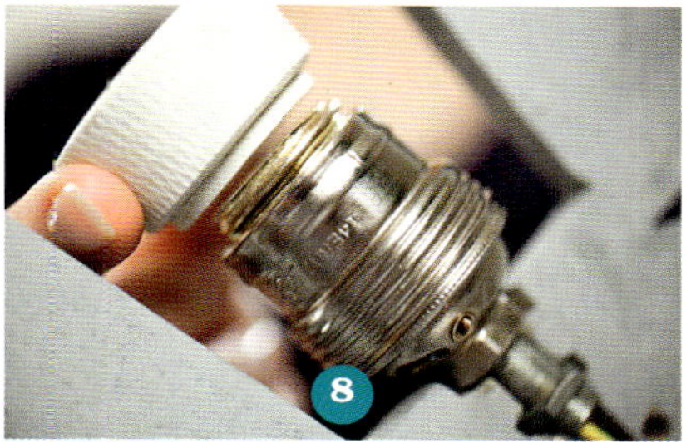

SOS

Du hast eine neue, verschraubbare Lampenfassung gekauft und möchtest diese in die Lampe installieren, doch sie lässt sich zunächst nicht auseinandernehmen.

–

In diesem Fall muss zunächst nachgeprüft werden, ob die Fassung über eine Sicherheitsarretierung verfügt. Viele Modelle haben eine solche Vorrichtung. Ist diese gefunden, die Arretierzunge (meist aus Metall) mit einem Schraubendreher oder einem ähnlichen Hilfswerkzeug herunterdrücken. Dann lässt sich die Fassung spielend aufschrauben. Beim Zusammenbau rastet die Arretierung üblicherweise von selbst ein.

7

Jetzt die drei Stromadern (Außenleiter hier rot, sonst braun, schwarz, grau, Neutralleiter blau und Schutzleiter grün-gelb) mit den Kontaktstiften des Keramikkerns der neuen Fassung verbinden. Dabei mit dem Schutzleiter beginnen und diesen mit dem Erdungs-Kontaktstift verbinden. Anschließend den blauen und dann den roten (braunen, schwarzen, grauen) Draht (jeder kann beliebig mit einem der beiden verbleibenden Kontaktstifte verbunden werden) in die Kontaktklemmen stecken oder schrauben.

8

Anschließend die Kappe auf den Keramikkern setzen. Nun die Fassungs- und die Isolierhülse aus Porzellan auf den Keramikkern schrauben.

9

Die Glühbirne in die Lampenfassung drehen.

*****

Ist die Fassung ausgewechselt, die Kabel wieder an den Stromkreis anschließen und die Funktionstüchtigkeit prüfen.

1. Wie wird die Stromzufuhr einer Wohnung oder eines Hauses wirksam abgeschaltet?

a. Durch Abschalten des Stromzählers.
b. Durch Abschalten des Hauptschalters im zentralen Verteilerkasten.
c. Durch Ausschrauben der Sicherungen der verschiedenen Stromkreise der Wohnung oder des Hauses.

2. Welche Farbe hat das Erdungs- oder Schutzkabel eines Elektrogeräts oder einer elektrischen Installation?

a. Rot (in Deutschland Braun, Schwarz, Grau)*.
b. Blau.
c. Grün und Gelb.

3. Aus welchem Metall sind Elektrodrähte?

a. Aus Kupfer.
b. Aus Blei.
c. Aus Stahl.

4. Wie heißen die unterschiedlichen Bestandteile einer Lampenfassung?

a. Kontaktstifte, Keramikkern und Kappe.
b. Keramikkern, Kappe und Fassungshülsen.
c. Eine Lampenfassung besteht aus einem zusammenhängenden Metallteil.

5. Elektrischer Strom entsteht ...

a. Durch Ionenbewegung.
b. Durch Protonenkollisionen.
c. Durch Ladungsausgleich zwischen Orten mit Elektronenüberschuss und Elektronenmangel.

*Der Außenleiter (Kürzel L) besitzt in Deutschland eine braune, auch schwarze oder graue Ummantelung. Die roten Stromadern sind nur noch in Altinstallationen vorhanden.

6. Wie löst man gesteckte Adern?

a. Durch Lösen der Schrauben.
b. Durch Druck auf die Entsicherungshebel der Steckklammern.
c. Durch Abkappern der Ader mit einer Beißzange.

7. Für die Montage einer Wandleuchte ...

a. ... beginnt man damit, die Leuchte an der Wand zu befestigen, um sie dann an die elektrischen Anschlüsse anzuschließen.
b. ... verbindet man die Elektrokabel mit der Lampe und befestigt die Leuchte anschließend an der Wand.
c. ... montiert man die Leuchte an die Wand, wartet 24 Stunden, um sicher zu sein, dass sie hält, und schließt dann die Lampe an die Elektrik an.

8. Welche toxische Substanz ist in den Energiesparlampen enthalten?

a. Cyanide.
b. Brom.
c. Quecksilber.

9. Worin besteht der Unterschied zwischen Elektrisierung und Elektrokution?

a. Es gibt keinen Unterschied: Die beiden Begriffe sind Synonyme.
b. Elektrisierung steht für einen nicht tödlichen elektrischen Schlag, während Elektrokution einen tödlichen elektrischen Schlag bezeichnet.
c. Elektrisierung entspricht einer elektrischen Ladung durch eine natürliche Quelle (zum Beispiel durch Blitzschlag). Elektrokution dagegen hat eine künstliche Quelle: den vom Menschen produzierten Strom.

10. Welches ist die erste und wichtigste Vorsichtsmaßnahme vor der Arbeit mit Elektrizität?

a. Mit dem Hauptschalter die Stromzufuhr in Haus oder Wohnung abschalten.
b. Das Elektrogerät, an dem man arbeitet, ausschalten oder den Stecker ziehen.
c. Den Strom in dem Zimmer ausschalten, in dem gearbeitet werden soll.

Lösungen: 1b, 2c, 3a, 4b, 5c, 6b, 7a, 8c, 9b, 10a

Sanitär und Wasser

Sanitär und Wasser

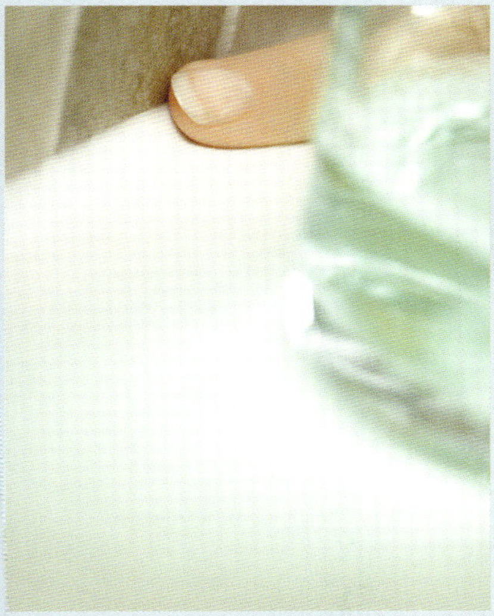

Was ist bei Installationsarbeiten zu beachten?

Bevor du den Telefonhörer abnimmst, um den Klempner beziehungsweise Spengler oder Wasserinstallateur anzurufen, vergewissere dich, dass du die Sanitärinstallation wirklich nicht selbst in Angriff nehmen kannst! Tatsächlich ist es oft unnötig, einen Fachmann einzuschalten, wenn es darum geht, eine neue Mischbatterie zu installieren oder das WC zu reparieren …

Dieses Kapitel bietet alle nötigen Informationen, um die einfachsten Installationsarbeiten ohne Hektik selbst durchzuführen. Doch vor jeder Aufgabe solltest du die folgenden Seiten durchlesen: Hier finden sich grundlegende Informationen, die man unbedingt beachten sollte, bevor Installationen oder Reparaturen im Wasser- und Sanitärbereich durchgeführt werden.

Weshalb sprach man früher bei diesen Installationen auch von Klempner- oder Spenglerarbeiten?

Weil Installationsarbeiten im Haus zum Berufsbild des Klempners gehörten. Der Beruf des Klempners (norddeutsch) oder Spenglers (süddeutsch) geht entweder auf den Begriff »klempern« zurück, der so viel heißt wie »das Blech hämmern«, oder auf »klampen« = fest verbinden. Der Begriff Spengler weist auf die ursprüngliche Tätigkeit dieser Handwerker hin, nämlich die Herstellung von »Spangen« und »Beschlägen«.
Die offizielle Berufsbezeichnung lautet heute in Deutschland »Anlagemechaniker für Sanitär-, Heizungs- und Klimatechnik«.

Woher kommt das Wasser, das unsere Häuser oder unsere Wohnungen versorgt?

In Deutschland sorgen hierfür die Kommunen oder Wasserverbände. Sie gewinnen Rohwasser aus Brunnen (Grundwasser), Quellwasser, Oberflächenwasser aus Seen, Flüssen und Teichen sowie durch Auffangen von Regenwasser aus Zisternen. Aus diesen Ressourcen werden Trinkwasser und Betriebswasser aufbereitet. Das Verfahren umfasst im Prinzip zwei Gruppen der Behandlung:

• Entfernung von Stoffen aus dem Wasser (zum Beispiel Reinigung, Sterilisation, Enthärtung, Enteisung, Entsalzung);

• Ergänzung von Stoffen sowie Einstellen von Wasserparametern (zum Beispiel Dosierung, Einstellung von pH-Wert, gelösten Ionen und der Leitfähigkeit).

Anschließend wird das Wasser in Wasserspeichern gelagert und durch Wasserleitungssysteme in die Haushalte weitergeleitet. Unsere Wohnungen und Häuser werden von einer Hauptleitung gespeist, deren Durchmesser sich durch die Durchflussmenge des benötigten Wassers bemisst. Dieser Durchfluss wird in Liter pro Sekunde, Liter pro Minute oder Kubikmeter pro Stunde gemessen. Der Druck soll konstant bleiben, gleichgültig wie viel Wasserhähne gerade gleichzeitig aufgedreht sind. Der Wasserdurchfluss variiert je nach Rohrdurchmesser und Wasserdruck.

Nach der Anschlussleitung, dem Wasserzähler und dem Absperrventil wird das Trinkwasser durch ein System von Rohren verteilt. Bei unseren modernen Hausinstallationen wird das Wasser durch ein Netz von Rohrleitungen mit zumeist kleinen Nennwerten zu den Hausanschlüssen geleitet (beispielsweise zur Dusche, Waschmaschine, Waschbecken, Spülbecken usw.). Dabei richtet sich die Dimensionierung der Rohrleitungen nach dem jeweiligen Bedarfsprofil für die Wasserversorgung. Daher besteht jede Sanitärinstallation aus Rohrleitungen, deren Durchmesser an die Wassermenge angepasst ist, die für ihre Funktion nötig ist:

Sanitäreinrichtung	Leitungsdurchmesser (innen/außen)
Spülbecken	12 / 14 mm
Waschbecken	12 / 14 mm
Dusche	12 / 14 mm
Geschirrspüler	12 / 14 mm
Waschmaschine	12 / 14 mm
Badewanne	12 / 14 mm
WC	8 / 10 mm

Wo fließt das Abwasser hin?

Ab- oder Brauchwasser wird in die Kanalisation eingeleitet, deren Durchmesser ebenfalls entsprechend der Funktion der sanitären Einrichtungen dimensioniert ist.

Abwasserleitungen:

Sanitäreinrichtung	Durchmesser Abwasserleitung
Spülbecken	40 / 50 mm
Waschbecken	32 / 50 mm
Dusche	40 mm
Duschkabine	50 mm
Geschirrspüler	40 mm
Waschmaschine	40 mm
Badewanne	40 mm
WC	80 / 100 mm

Darüber hinaus ist für alle Installationen ein Geruchsverschluss vorgesehen. Bei dem sogenannten Siphon handelt es sich um einen Gasverschluss von Rohrsystemen. Dieses s-förmig gebogene Rohr, dessen untere Biegung stets mit Wasser gefüllt bleibt, erschwert den Durchlass von Gasen und schlechten Gerüchen aus den Abflussrohren, während gleichzeitig Flüssigkeit durch den Siphon abfließen kann.

Damit das Abwasser in die Kanalisation abfließt, müssen die Rohre mit Gefälle verlegt werden. Es sollte 2 bis 5 cm pro Leitungsmeter betragen, um das Abwasser von sämtlichen Sanitäreinrichtungen schnell und sicher abzuführen.

Gemäß der Abwasserverordnung werden die Abwässer der Haushalte in die öffentliche Kanalisation eingeleitet und in Kläranlagen gereinigt. Hier finden mehr oder weniger abgestufte Reinigungsprozesse statt:

• Mechanische Reinigungsstufe – Rechen: Hier bleiben grobe Verschmutzungen (Plastiktüten, Äste, Steine usw.) hängen.

• Physikalische Reinigungsstufe – Ölabscheider (Entfernung von Ölen und Fetten); Absetz- bzw. Sedimentationsbecken – Entfernung kleiner Schwebstoffe (Sand)

• Biologische Reinigungsstufe – Pflanzenkläranlage, Belebtschlamm

Anschließend wird das geklärte Wasser über einen Vorfluter in Oberflächengewässer wie Flüsse und Seen eingeleitet. Hier erfährt das Wasser eine natürliche Selbstreinigung: Bakterien und Wasserpflanzen absorbieren zum Beispiel Nitrate und Phosphate und wandeln diese so um, dass sie die Ökologie des Gewässers nicht weiter belasten sollten.

Wo befindet sich das Absperrventil, durch das die gesamte Wasserversorgung für den Haushalt gesperrt wird?

Mit dem Absperrventil reguliert man den Wasserzufluss aus der öffentlichen Anschlussleitung in das Verbrauchsleitungssystem, das zu sämtlichen sanitären Einrichtungen einer Wohnung oder eines Hauses führt. Das Absperrventil befindet sich meist vor der Wasseruhr, die ihrerseits ein Messgerät zur Erfassung des durchflossenen Wasservolumens darstellt.

Neuere sanitäre Einrichtungen (WC, Spülbecken, Waschbecken) besitzen zusätzlich eigene Absperrvorrichtungen (eine für die Heißwasser- und eine für die Kaltwasserzufuhr). Sie befinden sich häufig unter diesen Einrichtungen und ermöglichen es, die Wasserzufuhr selektiv zu unterbrechen, ohne das Wasser für die gesamte Wohnung oder das Haus zu sperren.

Um Installationskosten einzusparen, können einzelne Absperrarmaturen auch für einen jeweiligen Raum zusammengefasst werden. So kann ein Absperrhahn im Badezimmer gleichzeitig den Zulauf für das Waschbecken, die Dusche und das Bidet abdrehen.

Wie vermeidet man Verstopfungen der Abflussrohre?

Die meisten Probleme auf dem Gebiet der Wasserversorgung, Abwasserentsorgung, Sanitärtechnik und anderen Hausinstallationen sind auf eine fehlende Wartung und Pflege zurückzuführen.

Um ein Verstopfen der Abflüsse zu vermeiden, sind regelmäßige, aber sehr einfach durchzuführende Wartungsarbeiten an den entsprechenden Installationen ratsam:

→ In der Küche
In die Abflussöffnung des Spülbeckens ein Sieb einlegen. Es filtert kleine Abfälle aus, die sich im Abspülwasser oder beim Waschen von Salat und Gemüse sammeln. Damit wird vermieden, dass diese mit der Zeit den Abfluss verstopfen. Das Sieb regelmäßig säubern und die Lebensmittelreste im Hausmüll entsorgen.

→ Im Badezimmer
Auch in den Abflussöffnungen von Dusche, Bidets, Badewannen und Handwaschbecken haben sich diese Siebe bewährt: Hiermit wird ein Verstopfen der Abflüsse vor allem durch Haare vermieden.

→ Bei Waschmaschinen und Wäschetrocknern
Die Filter von Wäschetrocknern und Waschmaschinen ebenfalls regelmäßig säubern: Hier sammeln sich Stofffflusen und andere Wäschereste, die sonst in das Abflussrohr gelangen und es mit der Zeit verstopfen.

*

Eine Mischbatterie installieren

Handwerkszeug und Material

- 1 neue Mischbatterie passend zum Waschbecken oder Spülbecken (für die Auswahl der Mischbatterie siehe »Los geht's«)
- 1 Kombizange
- 1 verstellbarer Schraubenschlüssel oder 1 Schraubenschlüsselsatz
- 1 Rohrzange passend zur Mutter der Mischbatterie

DIE ZWEIGRIFFARMATUR EINES WASCHBECKENS ZU WECHSELN IST EINE LEICHTE AUFGABE. MIT SOLIDEM WERKZEUG IST ES EINE SACHE VON WENIGEN MINUTEN.

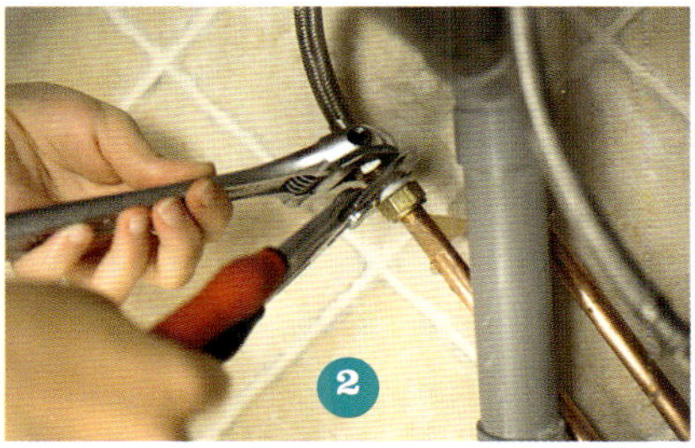

Los geht's

Beim Kauf kommt es auf die richtige Wahl einer Armatur an, die mit den bereits bestehenden Installationen kompatibel ist.
Hierfür ist es das Beste, die alte Armatur abzuschrauben (Arbeitsschritte 2 und 3) und mit in den Heimwerkermarkt zu nehmen. Wähle dort eine Armatur mit demselben Rohrdurchmesser. Auf diese Weise passen die Anschlussrohre problemlos in die Öffnung des Wasch- oder Spülbeckens, für das die Armatur gedacht ist.

–

Bitte beachte, dass die Gebrauchsanweisung für den Wechsel der Armatur entsprechend dem jeweiligen Modell geringfügig abweichen kann – vor allem da es unterschiedliche Installationssysteme bei Anschlüssen und Zuleitungen gibt. Auf der Packung des Produkts sind sämtliche Informationen verzeichnet, wobei die hier beschriebenen Arbeitsschritte im Großen und Ganzen für alle Mischbatteriemodelle gelten.

1

Zur Sicherheit den Hahn der auszutauschenden Armatur aufdrehen, Wasser laufen lassen und den Zulauf mit dem Absperrhahn der sanitären Einrichtung unterbinden. Lässt sich kein Absperrhahn finden, das zentrale Absperrventil zudrehen.

2

Mit dem Schraubenschlüssel und der Kombizange die flexiblen Schläuche (Warmwasser- und Kaltwasserschläuche) der alten Armatur unterhalb des Wasch- oder Spülbeckens lösen. Bei Problemen siehe Tipps und Tricks.

3

Mit der Rohrzange anschließend auch die Mutter lösen, die die Armatur von unten am Waschbecken festgehalten hat.

Tipps & Tricks

Vor Ausbau der Armatur die Anschlüsse mit einem Entkalker oder einem essiggetränkten Tuch abreiben. Damit werden die Anschlüsse entkalkt und die Demontage erleichtert. Hilft auch das nicht, versuche die blockierten Verschraubungen mit Kriechöl zu behandeln. Trinkwasseranschlüsse müssen aber bei dieser Behandlung anschließend mit Spülmitteln gründlich gereinigt werden.

*

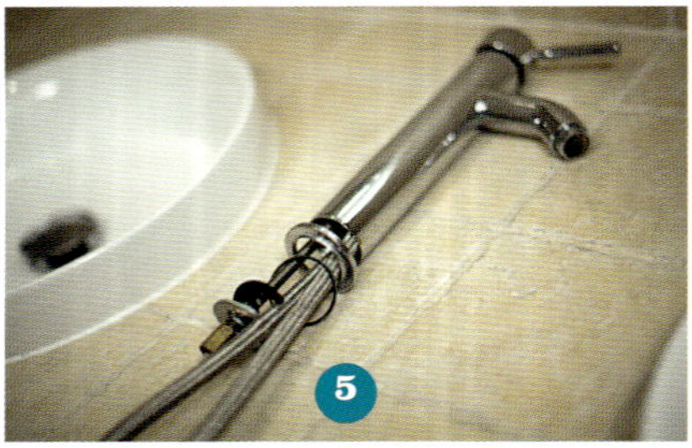

4

Die alte Armatur aus dem Wasch- oder Spülbecken herausziehen.

5

Vergewissere dich, dass die neue Armatur vollständig ist: mit Dichtung, Klemmring und einer Überwurfmutter zur Befestigung an Wasch- oder Spülbecken.

6

Die flexiblen Schläuche in die entsprechende Öffnung des Wasch- oder Spülbeckens einführen.

7

Auf der Unterseite der Armatur die Anschlüsse für die Flexschläuche mit Dichtungen, Schraubanschlüssen samt Dichtring und Überwurfmutter festschrauben.

8

Anschließend mithilfe der Rohrzange die Installation festziehen: Nun ist die Armatur auf dem Wasch- oder Spülbecken fest installiert.

9

Jetzt können die unteren Enden der Schläuche an die Warm- und Kaltwasserleitungen angeschlossen werden. Hierfür die Muttern der Flexschläuche über die passenden Gegenmuttern schrauben. Dazu sind eine Kombizange und ein passender Schraubschlüssel (Maulschlüssel) nötig.

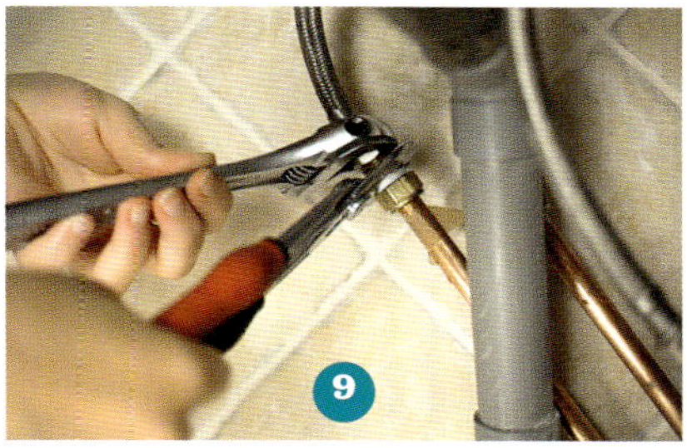

Tipps & Tricks

Bei Neuinstallation ist es sinnvoll, statt einer Mischbatterie oder Mischarmatur den Einbau eines Einhebelmischers mit Eco-Funktion ins Auge zu fassen. Er spart 5 bis 10 Liter pro Tag.

*

Ist die Armatur installiert, vorsichtig die Funktion prüfen und feststellen, ob alles dicht ist. Entweicht auch nur eine geringe Menge Wasser auf Höhe der Anschlüsse, die Muttern dort fester anziehen beziehungsweise erneut abdichten (mit Teflonband oder Hanf).

Einen verstopften Siphon reinigen

Handwerkszeug und Material

- 1 Paar Gummihandschuhe
- 1 Wasserschüssel
- 1 Schwamm
- 1 Gummisauger, Saugglocke
- 1 Kombizange

DAS WASSER IM WASCHBECKEN LÄUFT NUR LANGSAM UND ZÖGERLICH AB? SICHER HAT DER ABLAUF EINE GRÜNDLICHE REINIGUNG NÖTIG. MIT EINEM GUMMISAUGER LÄSST SICH DIE VERSTOPFUNG OHNE DEN EINSATZ VON CHEMIE IM HANDUMDREHEN LÖSEN.

Los geht's

Bevor du die Verstopfung des Waschbeckenabflusses in Angriff nimmst, denk daran, dass das Abflussrohr mit dem Geruchsverschluss immer Wasser enthält. Dieses Wasser fungiert als natürlicher »Geruchsverschluss« und verhindert, dass unangenehmer Geruch aus den Leitungen entweicht. Bei der Demontage des Siphons wird er automatisch entleert. Aus diesem Grund sollte eine Auffangschüssel für das Wasser bereitstehen.

–

Bevor du chemische Reinigungsmittel verwendest, um ein verstopftes Rohr durchlässig zu machen, solltest du einen Gummisauger einsetzen. Chemische Mittel enthalten korrodierende und ätzende Substanzen, die die Rohre mit der Zeit schädigen.

1

Bei der Handhabung des Gummisaugers muss der Gummisauger vollständig mit Wasser bedeckt sein. Ist das Wasserniveau im verstopften Waschbecken nicht hoch genug, einfach mit Wasser auffüllen.

2

Falls noch nicht geschehen, den Waschbeckenstöpsel öffnen und die Abflussöffnung komplett mit der Gummiglocke überdecken. Durch mehrfaches schnelles Hochziehen, beziehungsweise Herunterdrücken des Holzgriffs wird eine sehr kräftige Sogwirkung erzeugt. Durch das Wiederholen dieser Handgriffe lassen sich meistens auch hartnäckige Verstopfungen lösen.

Tipps & Tricks

Besteht die Notwendigkeit, den Siphon auszuwechseln, sollte man sich für einen Siphon mit Reinigungsöffnung und Ablaufrutsche entscheiden. Die Reinigungsöffnung ermöglicht es, den Abfluss ohne zeitaufwendige Demontage des Siphons zu reinigen.

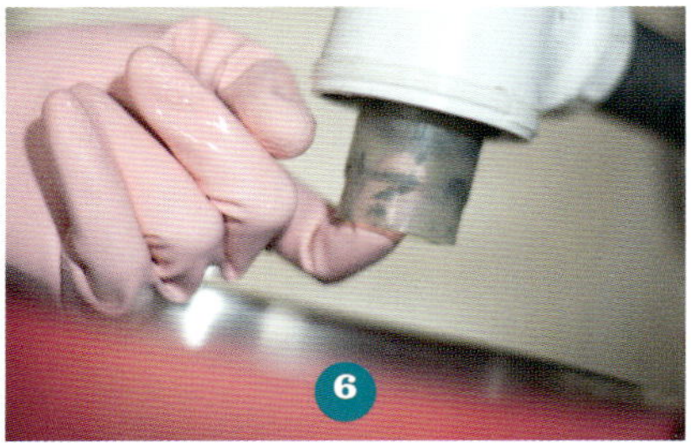

3

Anschließend die Reinigung des Abflussrohrs vollenden. Hierfür die Wasserschüssel unter das Waschbecken stellen und den Siphon abschrauben. Handelt es sich um eine Metallkonstruktion mit Überwurfmuttern und Klemmring, greift man am besten zur Rohr- oder Kombizange. Handelt es sich um eine Kunststoffkonstruktion, kann diese mit der Hand aufgeschraubt werden.

4

Den unteren Teil des Siphons abnehmen und den Inhalt in die Wasserschüssel gießen.

5

Gummihandschuhe anziehen und diesen Teil des Siphons vorsichtig mit dem Schwamm reinigen.

6

Anschließend ebenfalls den oberen Siphonteil säubern. Hierzu mit dem Finger in das Rohr fahren und sämtliche darin enthaltenen Schmutzpartikel (Haare, Fettablagerungen von Kosmetika und Seife) ausräumen.

7

Die Dichtung in das untere Rohrteil des Siphons sorgfältig einlegen, die Überwurfmutter darübergeben und wieder anschrauben. Ist die Dichtung brüchig oder beschädigt, umgehend gegen eine neue Dichtung austauschen. Handelt es sich um PVC-Rohre, sei besonders sorgfältig. Die Schraubgewinde dieser Modelle besitzen größere Passtoleranzen als Metallgewinde und sind deshalb schneller undicht.

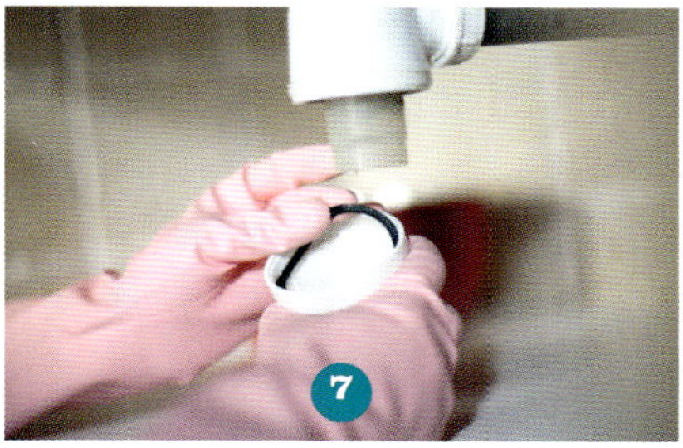

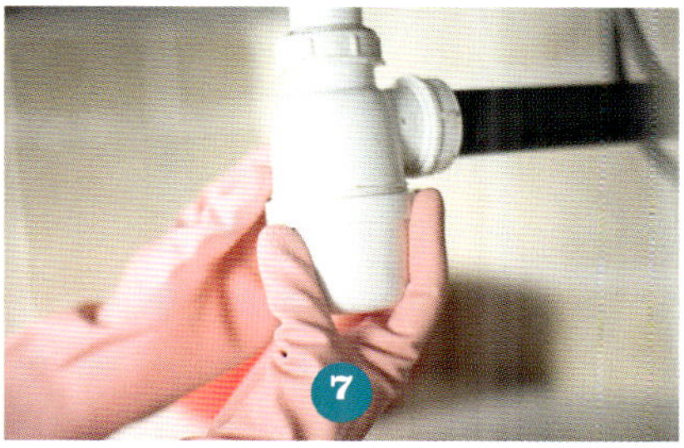

Tipps & Tricks

Es ist stets ratsam, einen Siphon regelmäßig als reine Vorsichtsmaßnahme zu reinigen.

*

Ist der Siphon wieder angeschraubt, das Wasser durchlaufen lassen, um sicherzugehen, dass es wieder schnell abfließen kann.

SOS

Aus der Abflussöffnung eines Waschbeckens steigen unangenehme Gerüche auf? Die kommen mit Sicherheit aus einem verunreinigten Siphon. Ist dieser erst abmontiert und gereinigt, sind auch die üblen Gerüche verschwunden.

Einen undichten Rohranschluss reparieren

Handwerkszeug und Material

- 1 Kombizange oder Rohrzange
- 1 Maulschlüssel
- 1 Rolle Teflonband
- 1 zum Durchmesser des Rohres passende Dichtung

1

SOS

Die undichte Stelle besteht trotz Reparatur weiter und nimmt immer schlimmere Ausmaße an?

–

In diesem Fall keine Zeit verlieren und einen Installateur anrufen. Möglicherweise ist eine kompliziertere Reparatur an der Wasserleitung nötig, die nur ein Fachmann durchführen kann.

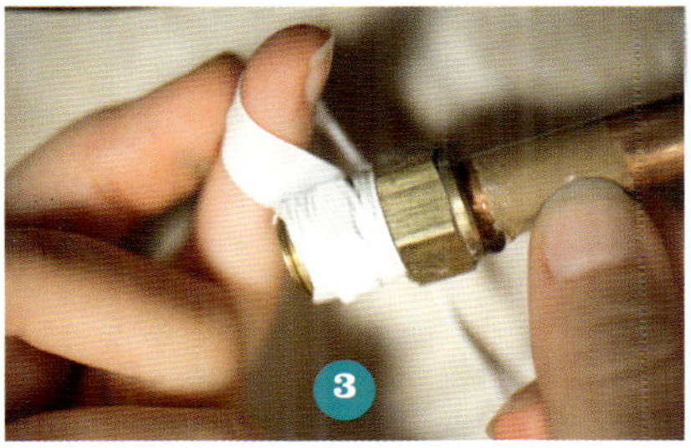

3

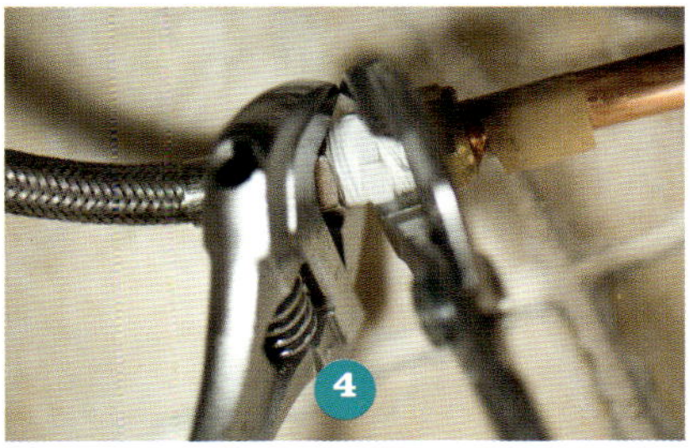

4

ERSCHEINT EIN KLEINER WASSERTROPFEN ODER EIN LEICHT FEUCHTER FILM AN DER VERBINDUNGSSTELLE ZWISCHEN ZWEI ROHREN, SCHREITET MAN BESSER SOFORT ZUR TAT: EIN LECK, UND SEI ES NOCH SO KLEIN, KANN SEHR SCHNELL BEUNRUHIGENDE AUSMASSE ANNEHMEN! ES WÄRE SCHADE, DESHALB EINEN INSTALLATEUR RUFEN ZU MÜSSEN, WENN MAN SELBST DEN SCHADEN IN WENIGEN MINUTEN HÄTTE BEHEBEN KÖNNEN.

Los geht's

Bevor du Hand an eine Rohrleitung anlegst, das Hauptventil an der Anschlussleitung der Wohnung oder des Hauses abdrehen. Anschließend sämtliche Hähne der Sanitärinstallationen öffnen, um die Wasserleitungen komplett zu entleeren.

1

Mit passendem Maulschlüssel und Kombizange die beiden Verbindungsteile der Rohrleitung umfassen. Anschließend mit festem Druck auseinanderschrauben.

2

Das undichte Verbindungsstück entnehmen, das Rohrgewinde sorgfältig reinigen, bis es sehr sauber und vollkommen trocken ist.

3

Beim Aufbringen des Teflonbandes ist zwischen Recht- und Linksgewinden zu unterscheiden. Bei Rechtsgewinden rechtsherum, bei Linksgewinden linksherum vom Gewindeübergang bis zum Rohrende sorgfältig und fest wickeln. Das Teflonband einfach abreißen und fest an das Gewinde andrücken.

4

Das neue abgedichtete Gewinde mithilfe von Maulschlüssel und Kombizange wieder fest zusammenschrauben. Dabei wird das Band dicht in die einzelnen Gewindegänge gepresst, das nun gut abdichtet.

5

Das Absperrventil wieder öffnen, die neue Rohrverbindung auf ihre Dichtigkeit überprüfen. Sollte immer noch Wasser aus dem abgedichteten Teil austreten, muss die Rohrverbindung noch einmal mit Maulschlüssel und Kombizange weiter festgedreht werden.

*

Silikonfugen erneuern

Handwerkszeug und Material

- 1 Cuttermesser
- 1 Lappen
- 1 Rolle Tesakrepp
- 1 Silikon-Kartuschenpistole (oder Kartusche mit elastischem Kitt)
- 1 Flasche Aceton
- etwas Geschirrspülmittel

DIE SILIKONFUGE UM BADEWANNE UND WASCHBECKEN GARANTIERT DIE DICHTIGKEIT DIESER SANITÄRINSTALLATIONEN. DER ALTERUNGSPROZESS LÄSST DIESE JEDOCH BRÜCHIG, DURCHLÄSSIG UND SCHWARZFLECKIG WERDEN, WAS NICHT NUR UNÄSTHETISCH UND UNHYGIENISCH, SONDERN AUCH BAUSCHÄDIGEND SEIN KANN. DIESE FUGEN KANN MAN SEHR SCHNELL UND MIT MINIMALEM MATERIALAUFWAND SELBST AUSTAUSCHEN.

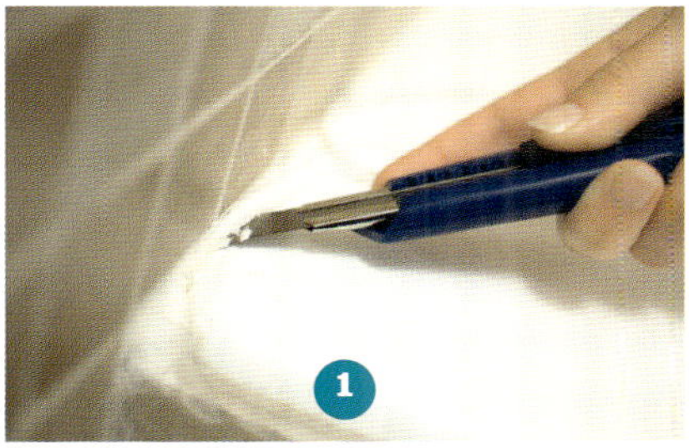

SOS

Die alte Fuge ist mithilfe eines speziellen Cuttermessers oder Fugenkratzers entfernt worden, doch hartnäckige Reste der alten Dichtungsmasse sind zurückgeblieben.

–

Da hilft es nur, in den Heimwerkermarkt zu gehen und einen Silikonentferner zu besorgen. Das entsprechende Produkt löst die Reste der Dichtungsmasse auf, sodass die neue Fuge auf einem sauberen, glatten Untergrund aufgebracht werden kann.

Los geht's

Vor Arbeitsbeginn muss man wissen, dass Silikonfugenmasse gleichmäßig mit etwas Druck und möglichst ohne abzusetzen eingefüllt werden sollte. Dies ist die Voraussetzung für eine homogene Fuge und ein ansprechendes, wirksames Ergebnis.

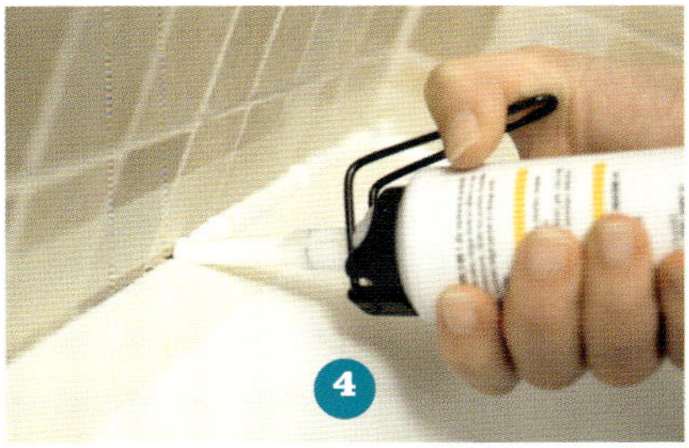

1

Mit dem Cuttermesser die alte Dichtungsmasse vorsichtig herausschneiden. Dabei darauf achten, nicht das Waschbecken oder die Badewanne zu beschädigen. Anschließend alle Fugenreste herauskratzen.

2

Einen Lappen mit Aceton tränken, damit die Fuge reinigen und anschließend abtrocknen.

3

Die Fugenränder sorgfältig mit Tesakrepp abkleben, damit die Dichtungsmasse sauber eingefüllt werden kann. Gleichzeitig bestimmt man auf diese Weise die Breite der neuen Fuge.

4

Mit der kleinsten Einstellung der Kartuschenpistole und ausreichendem Druck das Silikon möglichst tief in die Fuge zwischen den Klebebändern einbringen.

5

Den Zeigefinger in das Spülmittel tauchen und die Silikonfuge damit einstreichen.

*

Ist die Silikonmasse eingebracht, das Klebeband sofort entfernen und die Ränder gegebenenfalls leicht nachglätten. Mit der Benutzung von Waschbecken oder Badewanne warten, bis das Silikon vollständig getrocknet ist.

Tipps & Tricks

Um zu vermeiden, die Silikonfugen zu oft erneuern zu müssen, besorgt man sich am besten eine Silikonkartusche mit Schimmelblocker.

*

Eine undichte Wasserspülung reparieren

Handwerkszeug und Material

1 neuer Dichtungsring (für die Auswahl des richtigen Modells siehe Kasten »Los geht's«)

PERMANENT LAUFENDES WASSER IM SPÜLKASTEN KANN DEN WASSERVERBRAUCH IN KÜRZESTER ZEIT AUF DIE SPITZE TREIBEN. BEVOR DIE ANGELEGENHEIT AUSSER KONTROLLE GERÄT, SOLLTEST DU DIE SACHE SELBST IN DIE HAND NEHMEN. IN DEN MEISTEN FÄLLEN GENÜGT ES, DEN DICHTUNGSRING AM ZULAUFVENTIL DES SPÜLKASTENS AUSZUWECHSELN. DIES IST EINE LEICHTE AUFGABE. AN MATERIAL IST LEDIGLICH BESAGTER DICHTUNGSRING UND KEIN SPEZIELLES WERKZEUG NÖTIG.

Los geht's

Die Auswahl an Gummidichtungen ist endlos. Um sich beim Kauf nicht zu vergreifen, bau die alte Dichtung einfach aus (Arbeitsschritt 5) und nimm sie mit in den nächsten Baumarkt. Dort vergleiche die Dichtung mit den angebotenen Modellen und wähle eine aus, die in den betreffenden Spülkasten passt.

1

Als Erstes den Hahn für die Wasserzufuhr zum Spülkasten zudrehen und anschließend abziehen, um ihn zu entleeren.

2

Um ins Innere des Spülkastens sehen zu können, die Betätigungstaste im Deckel abmontieren.

3

Anschließend den Deckel durch Hochziehen an beiden Seiten abheben.

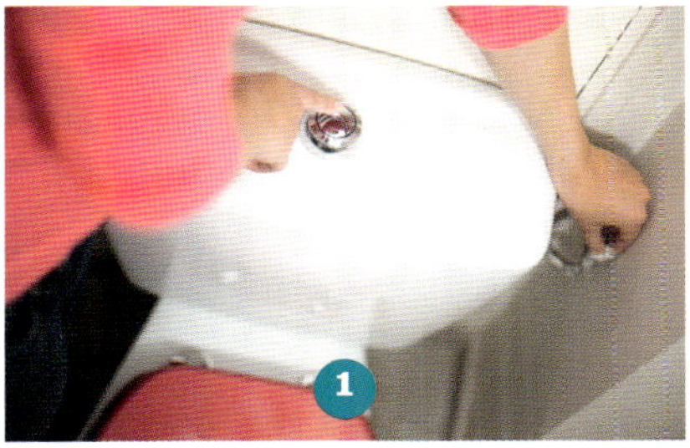

Tipps & Tricks

Ist der Mechanismus des Spülkastens verkalkt, nutze die Gelegenheit, ihn zu reinigen. Hierzu die einzelnen Teile mit einem mit Essig getränkten Lappen abreiben. Diese Art des Entkalkens ist eine preiswerte und umweltfreundliche Reinigungsmethode.

*

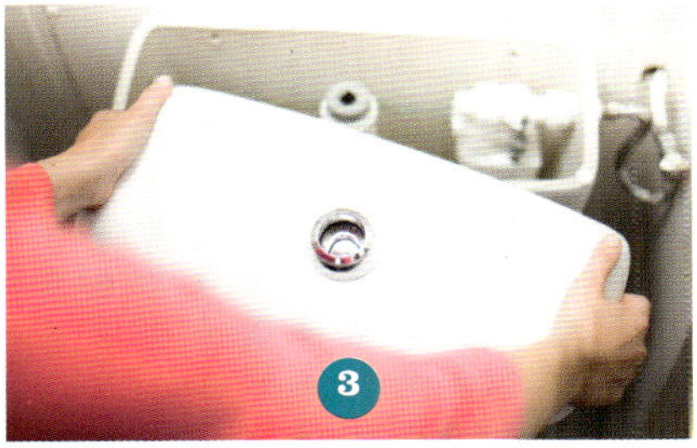

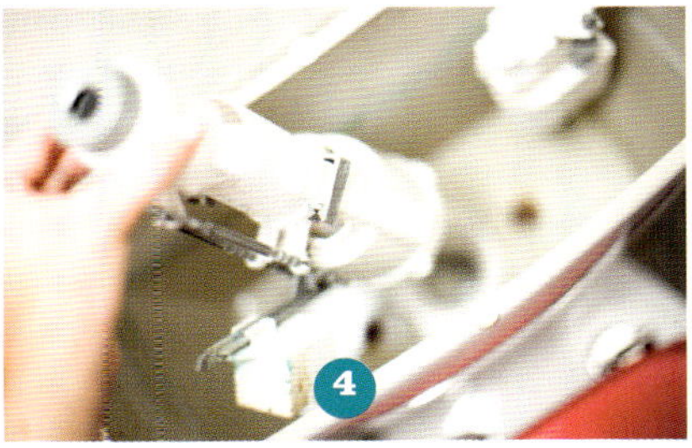

4

Vorsichtig die Heberglocke des Spülkastens herausheben. Je nach Spülkastenmodell kann dieses Teil herausgeschraubt, herausgezogen oder herausgeklickt werden.

5

Heberglocke umdrehen und den alten Dichtungsring, der sich am unteren Endstück befindet, abnehmen.

6

Die neue Glockendichtung einfügen und auf einen perfekten Sitz achten, damit eine sichere Abdichtung gewährleistet ist. Anschließend die Glocke wieder einsetzen, den Spülkastendeckel aufsetzen und die Betätigungstaste einschrauben.

*****

Ist die Dichtung ausgewechselt, den Absperrhahn der Wasserzufuhr wieder öffnen, den Spülkasten volllaufen lassen und die Spülung auslösen, um zu prüfen, dass alles wieder zufriedenstellend funktioniert.

Ein verstopftes WC reinigen

Handwerkszeug und Material

- 1 Paar Gummi-Haushaltshandschuhe
- 1 reißfester Müllsack
- 1 Schere
- 1 Rolle breites Klebeband
- 1 große, leere Plastikflasche
- 1 Rohrreinigungsspirale
- 1 Rohrreinigungspumpe
- 1 flüssiger Rohrreiniger für WC (ökologisch)

DIE TOILETTE IST VERSTOPFT? WASSER UND FÄKALIEN DROHEN ÜBER DIE TOILETTEN-SCHÜSSEL ZU SCHWAPPEN? KEINE PANIK! ES BIETEN SICH MEHRERE METHODEN AN, DAS PROBLEM WIRKSAM UND DAUERHAFT ZU LÖSEN.

Los geht's

Es gibt Reinigungsspiralen in unterschiedlichen Größen. Muss ein solches Gerät erst gekauft werden, sollte man sich für eine möglichst lange Variante entscheiden, da sich die meisten Verstopfungen erfahrungsgemäß weiter hinten im Abflussrohr bilden.

–

Bei der Arbeit an verstopften Toiletten sollte man nicht vergessen, dass stagnierendes Wasser in Toiletten von zahlreichen Keimen durchsetzt ist. Spritzt es auf den Fußboden, ist eine sorgfältige Reinigung nötig, sobald die Verstopfung beseitigt ist.

1

Vor Arbeitsbeginn ist es ratsam, Hände und Arme vor dem mit Keimen kontaminierten Wasser zu schützen: Gummihandschuhe anziehen, einen reißfesten Müllsack in zwei Teile schneiden, je ein Teil um einen Unterarm wickeln und mit breitem Klebeband an den Handschuhen befestigen.

2

Zunächst die Toilettenschüssel so weit wie möglich entleeren. Davor Fäkalien und Toilettenpapierreste im Inneren entfernen.

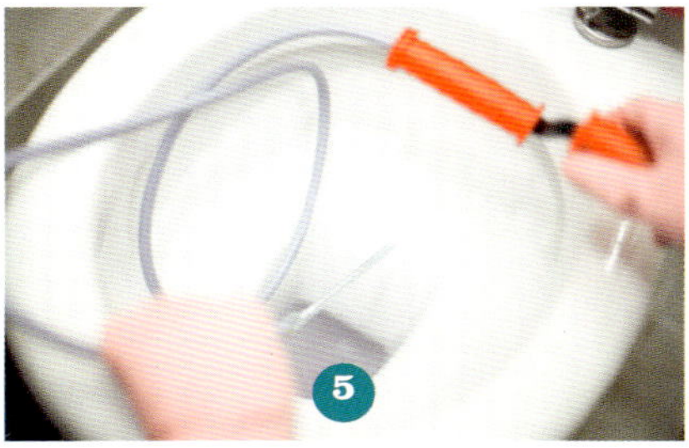

SOS

Du hast die verschiedenen hier vorgeschlagenen Methoden ausprobiert, aber die Verstopfung nicht beseitigen können.

–

Der Abfluss des WCs ist vielleicht von einem Gegenstand verstopft, der sich weder durch mechanische noch durch chemische Methoden herausholen oder auflösen lässt. In diesem Fall sollte ein Fachmann hinzugezogen werden.

3

Anschließend die leere Plastikflasche in zwei Teile schneiden. Mit dem einen Teil der Flasche so viel Wasser wie möglich aus der Toilettenschüssel schöpfen (nur eine geringe Menge zurücklassen).

4

Zunächst einen chemischen Flüssig-Rohrreiniger benutzen. Um Abflussrohre und Umwelt zu schonen, zu einem ökologischen Produkt greifen.

5

Erweist sich die Verstopfung als hartnäckig, probiert man es mit der Rohrreinigungsspirale. Diese ein Stück in die Toilettenschüssel und den Abfluss einführen und an der Kurbel festhalten.

6

Die Spirale vorsichtig weiter einführen und dabei beständig die Kurbel drehen. Durch die Kreisbewegungen der Spirale dringt diese immer weiter in den Siphon und das Abflussrohr des WCs ein. Stoppt die Spirale und lässt sich nicht weiter einführen, ist vermutlich die Verstopfung erreicht. Die Kurbel jetzt in die entgegengesetzte Richtung drehen und die Spirale hin und her bewegen, bis die Verstopfung aufgelöst ist.

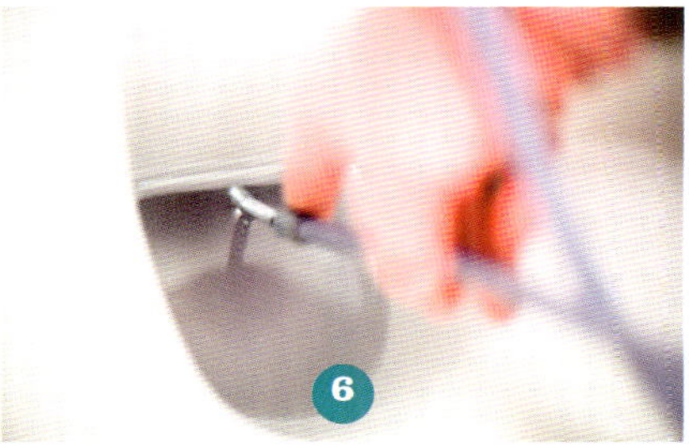

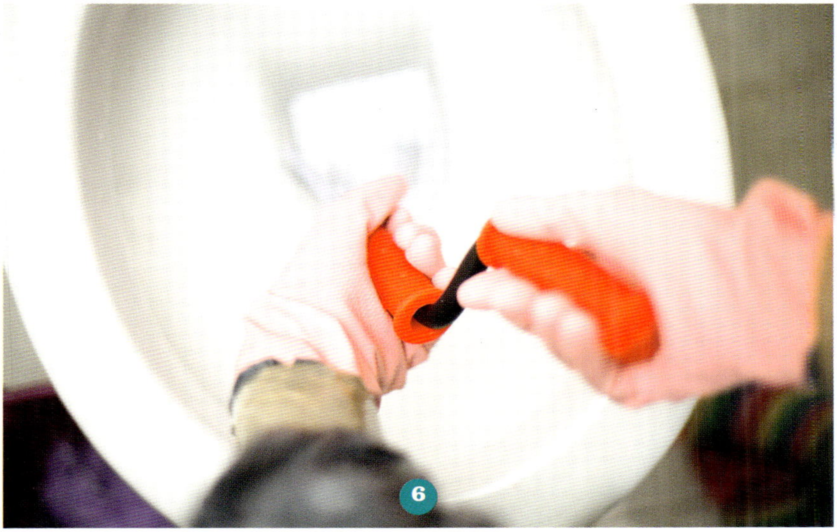

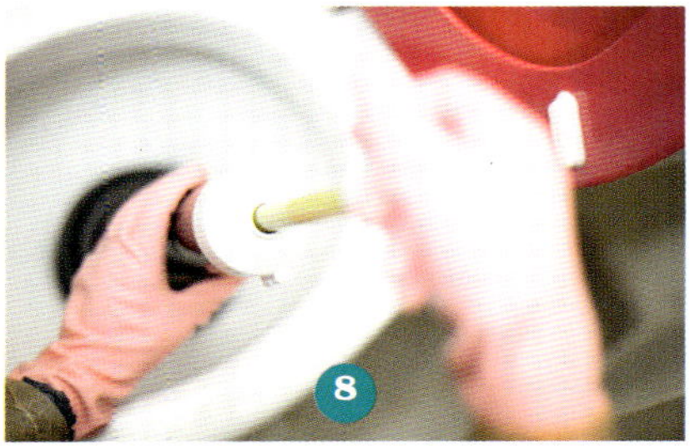

7

Sinkt der Wasserspiegel in der Toilettenschüssel, ist das ein gutes Zeichen: Die Verstopfung hat sich gelöst! Damit das Wasser korrekt abfließen kann, die Spülung betätigen.

8

Konnte die Verstopfung mit der Rohrreinigungsspirale nicht beseitigt werden, kann eine Rohrreinigungspumpe helfen. Diese gibt es in Heimwerkermärkten zu leihen. Die Spitze der Pumpe in den Abfluss der Toilettenschüssel stecken, sodass diese die Öffnung ausfüllt. Die Pumpe anschließend energisch mehrfach hintereinander auf und nieder betätigen, das Gerät herausnehmen und nachsehen, ob der Wasserspiegel sinkt. Wenn nötig den Vorgang wiederholen.

Tipps & Tricks

Chemische Rohrreinigungsmittel sind wirksam, jedoch immer schädlich für die Rohrleitungen und die Umwelt. Heutzutage gibt es allerdings eine breite Palette an ökologischen Produkten, die man bevorzugen sollte.

*

1. Wozu dient ein Teflonband?

a. Zum Flicken eines Lecks in einer Rohrleitung.
b. Um undichte Wasserleitungsverbindungen zu reparieren.
c. Um verstopfte WCs wieder flottzumachen.

2. Wie bezeichnet man das Zubehörteil, das den Anschluss an einen verringerten Rohrdurchmesser ermöglicht.

a. Muffe.
b. Siphonwinkel.
c. Reduzierfitting.

3. Aus welchem Material sind die Dichtungsfugen um Sanitärinstallationen?

a. Aus Silikon
b. Aus Viskose.
c. Aus Gummi.

4. Was versteht man unter einer Glocke im Spülkasten?

a. Den Absperrhahn an der Wasserzuleitung eines WCs.
b. Das Verschlussventil eines Spülkastens.
c. Den Betätigungsmechanismus für die Wasserspülung an einem Spülkasten.

5. Welche Funktion hat der Siphon in sanitären Rohrsystemen?

a. Er erleichtert den Wasserabfluss.
b. Er hält das Warmwasser im Wasserzulauf von Spül- oder Waschbecken auf gleichmäßiger Temperatur.
c. Der Siphon enthält Wasser, das als natürlicher Geruchsverschluss dient und verhindert, dass übel riechende Gase aus den Rohren in die Raumluft geraten.

6. Was versteht man unter einer Flexleitung im Sanitärbereich?

a. Ein bewegliches Elektrokabel.
b. Eine bewegliche Wasserzuleitung zu Spül- oder Waschbecken.
c. Eine bewegliche Verbindung zwischen zwei Rohrleitungen.

7. In welchen Fällen wendet man im Sanitärbereich Essig an?

a. Wenn man das Rohrsystem in einem Spülkasten oder Überwurfmuttern an Spül- oder Wasserbecken von Kalk befreien möchte.
b. Zur Beseitigung von Verstopfungen in einem WC.
c. Um die Reste von Silikonfugen um Waschbecken oder Badewanne zu beseitigen.

8. Wie heißt die Armatur an einem Spül- oder Waschbecken, mit der sich der Wasserverbrauch verringern lässt?

a. Mischbatterie.
b. Einhebelmischer mit Eco-Funktion.
c. Es gibt keinen Unterschied: Der Wasserverbrauch an einem Spül- oder Waschbecken ist immer gleich – gleichgültig, welches System installiert wird.

9. Was kann man unternehmen, um die Verstopfung eines WCs zu beseitigen?

a. Man ruft einen Klempner.
b. Man wendet einen einfachen Gummisauger an. Er funktioniert immer
c. Der Einfachheit halber benutzt man einen Flüssig-Rohrreiniger, dann eine Rohrreinigungsspirale und in besonders hartnäckigen Fällen eine Rohrpumpe.

10. Ist hartes (kalk- und magnesiumreiches) Trinkwasser gesundheitsschädlich?

a. Ja, denn es führt zur Arterienverkalkung. Für den Warmwasserspeicher hingegen ist dies jedoch ohne Bedeutung.
b. Nein, ganz im Gegenteil ist es ein ausgezeichneter, mineralreicher und kalorienarmer, zudem billiger Durstlöscher. Allerdings führt dieses Wasser vor allem in beheizten Bereichen zu Verkrustungen, die regelmäßig (z. B. mit Essig) entfernt werden müssen.
c. Ja, und es führt zur Verkrustung sämtlicher Sanitärinstallationen.

Lösungen: 1b, 2c, 3a, 4b, 5c, 6b, 7a, 8a, 9c, 10b

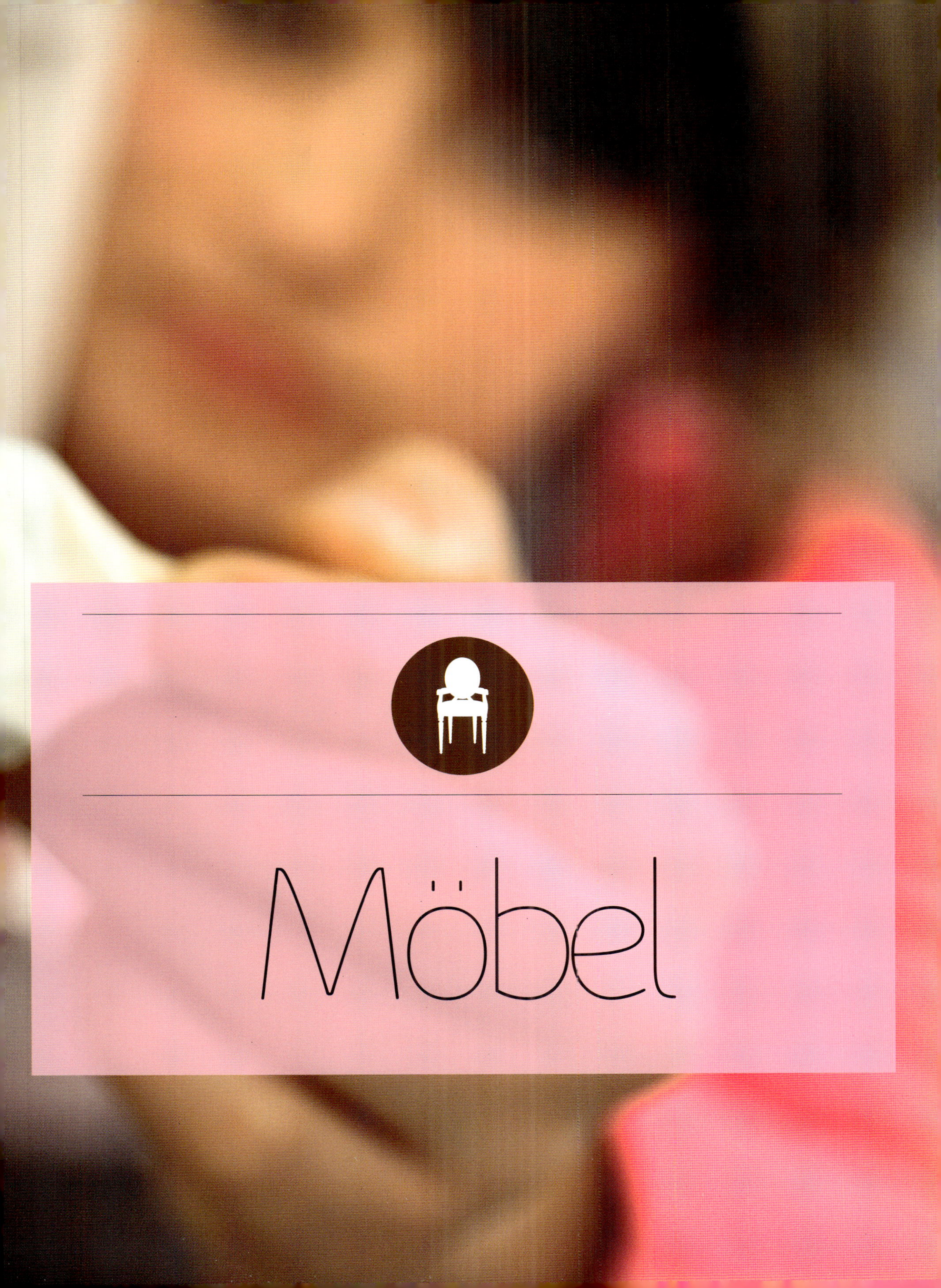

Möbel

Möbel

Vorbereitende Arbeiten

Du möchtest Möbel nach Herzenslust mit einem neuen Anstrich und neuem Dekor versehen und der Einrichtung einen individuellen Touch verleihen? Nichts leichter als das! Für ein zufriedenstellendes Resultat muss bei einer Neuerwerbung das gute Stück gesäubert und repariert werden. Anschließend sollte man sich beim Kauf der Produkte entsprechend dem betreffenden Möbelstück sowie im Sinne des gewünschten Effekts für gute Qualität entscheiden.

Du hast ein altes Möbelstück auf dem Trödelmarkt erworben oder auf dem Sperrmüll entdeckt ...

Die erste Handlung ist, es sorgfältig zu säubern.

• Handelt es sich zum Beispiel um ein Möbelstück mit gewachster Oberfläche, wird es mit einem mit Wachsentferner getränkten Lappen oder Wolltuch abgerieben: Auf diese Weise werden Schmutz- und alte Wachsschichten auf der Oberfläche entfernt. Das Mittel in Richtung der Holzmaserung auftragen.

• Im Fall eines lackierten oder anderweitig gestrichenen Möbelstücks mit stark beschädigter Oberfläche ist es ratsam, vor einem Neuanstrich die alten Farb- oder Lackschichten mit einem Abbeizmittel zu entfernen (vor allem wenn die alten Schichten bereits abzublättern beginnen). Um dabei keine schädlichen Dämpfe einzuatmen, eine Atemmaske tragen und bei geöffneten Fenstern arbeiten. Das Abbeizmittel

wird mit einem Pinsel aufgetragen. Vor Gebrauch die Dose oder Flasche gut schütteln, da sich Wirkstoffe des Produktes stets auf dem Dosen- oder Flaschenboden absetzen.

Das Abbeizmittel rinnt an den Oberflächen ab. Was ist zu tun?

Neben flüssigen Abbeizmitteln gibt es auch solche in Gelform. Letztere sind praktischerweise besonders für senkrechte Flächen geeignet, da sie besser haften.

Wie stellt man fest, ob ein Möbelstück lackiert oder gewachst ist?

Du weißt nicht, ob deine alte Holzkommode mit Wachs oder Lack behandelt ist? Hierfür gibt es einen einfachen und schnellen Test. Ein Tropfen Wasser auf der Möbeloberfläche verrät uns, womit wir es zu tun haben: Dringt das Wasser in das Holz ein, ist es gewachst. Bleibt der Wassertropfen auf der Oberfläche liegen, ist das Holz lackiert.

Es ist unmöglich, das betreffende Möbelstück mit Abbeizer zu behandeln. Was kann man tun?

Sind die Farbschichten auf dem alten Möbelstück zahlreich und dick, ist die Wirkung eines Abbeizmittels gering. In diesem Fall ist ein Farbkratzer (Ziehklinge) hilfreich, mit dem die Farbschichten abgekratzt werden können. Mit einer kleinen Metallbürste lassen sich auch schwer zugängliche Stellen von Farbe befreien (z. B. bei geformten Möbelfüßen). Ist das gute Stück von einer alten, sehr dicken Lackschicht überzogen, kann ein Abbeizmittel diese vielleicht ebenfalls nicht restlos lösen. In diesem Fall auf das chemische Produkt verzichten, das Möbelstück mit Schleifpapier gründlich abschleifen und vor dem Neuanstrich eine Grundierung auftragen. Bei dieser Methode kann man davon ausgehen, dass die neue Farbe auf den Möbelflächen haftet.

Mittlerweile ist das Möbelstück also von alten abdichtenden Schichten befreit. Die Oberfläche kann gründlich auf eventuelle Schäden geprüft werden. Bevor das gute Stück ein neues Aussehen erhält, sind möglicherweise kleinere Reparaturen nötig, die man selbst durchführen kann.

Ein kleines Stück Holz droht sich zu lösen

Mit Holzleim wieder ankleben (dabei nur eine kleine Menge Leim verwenden und das lockere Holzstück einige Minuten lang fest andrücken, um eine gute Haftung zu fördern).

Die Holzoberfläche weist hier und da kleine Löcher auf

Mit etwas Holzkitt verfüllen (dazu eine Farbtönung wählen, die dem Holz des Möbelstücks entspricht). Ist der Kitt getrocknet, leicht mit Schleifpapier überschleifen, um eine gleichmäßige Oberfläche zu erhalten.

Das Holz weist zahlreiche winzige Löcher auf

In diesem Fall sollte das Möbelstück gegen Holzkäfer und deren Larven, im Volksmund »Holzwürmer« genannt, behandelt werden. Hierzu ist ein spezielles Insektizid nötig. Man stellt unter jeden Fuß ein kleines Schüsselchen oder einen alten Teller, in die man anschließend das entsprechende Mittel füllt. Dieses wird vom Holz aufgenommen, und das Möbelstück ist in einigen Tagen von den Plagegeistern befreit. Maßnahmen wie diese dulden keinen Aufschub: Andernfalls droht die Ausbreitung der »Holzwürmer« auf andere Holzmöbel des jeweiligen Zimmers!

Du besitzt ein Möbelstück aus Schichtpressstoff und möchtest dieses neu streichen oder anderweitig umdekorieren ...

Als Erstes das Möbelstück mit Schleifpapier (feine Körnung) abschmirgeln und anschließend eine Universal-Grundierung für glatte oder einen Spezialgrund für »schwierige« Flächen auftragen. Danach kann das Möbelstück in einer völlig anderen Farbe gestrichen werden und damit ein neues »Gesicht« erhalten ...

Während des Abschleifens ist Vorsicht geboten! Möglicherweise ist die Furnierlage auf dem Schichtpressholz sehr dünn. Wird beim Abschleifen ein zu großer Druck ausgeübt, besteht die Gefahr, dass das Furnier reißt.

Du besitzt ein Möbelstück aus unbehandeltem Holz und möchtest diesem einen Farbanstrich geben.

Rohholz ist ein mehr oder weniger saugfähiges Material. Aus diesem Grund sollte es weder abgelaugt noch ohne vorherige Grundierung gestrichen werden: Rohholz saugt die Farbe nur ungleichmäßig auf, sodass ein fleckiger, wenig homogener Farbauftrag entsteht.

Nach sorgfältiger Reinigung wird eine Universal-Grundierung für Holzflächen aufgetragen. Diese Produkte bereiten die Oberfläche vor und fördern die gute Haftung des eigentlichen Farbauftrags sowie dessen gleichmäßige Trocknung. Nach dem Auftrag der Grundierung folgt die Anwendung der gewählten Farbe. Eine Lasur allerdings kann auch ohne Grundierung verwendet werden. Dabei wird der Farbauftrag unregelmäßiger und lässt die Maserung des Holzes durchscheinen.

Ist das Möbelstück:
• gesäubert,
• von Wachs befreit oder abgebeizt,
• repariert und ausgebessert,
• mit einer Grundierung behandelt,

… folgt der eigentliche Farbanstrich! Als Hilfestellung für die Wahl der entsprechenden Produkte, auch im Sinne der gewünschten ästhetischen Wirkung, siehe nachfolgende Liste.

→ Acrylfarben
Diese Farben sind einfach in der Anwendung und in einer breiten Farbskala erhältlich. Sie enthalten keine schädlichen Chemikalien, und Pinsel sowie Farbwalzen lassen sich problemlos mit Wasser reinigen.

→ Alkydharzlacke (Kunstharzlacke)
Die Herstellung ist in einigen Ländern wegen gesundheitsgefährdender Inhaltsstoffe verboten. Bei uns sind diese Lacke noch immer auf dem Markt. Für die Reinigung der Arbeitsgeräte ist Waschbenzin nötig. Alkydharzlacke können noch mehrere Monate nach der Verwendung schädliche Dämpfe in die Raumluft abgeben. Es empfiehlt sich daher, diese Farben zu meiden.

→ Bleiweiß (Kremser Weiß) und Holzbeizen
Diese Produkte können unmittelbar auf das unbehandelte Holz aufgetragen werden. Ein zweiter Auftrag oder eine Grundierung sind daher nicht nötig. Bleiweiß färbt das Holz unregelmäßig entsprechend seinen Maserungen. Die ästhetische Wirkung ist daher sehr unterschiedlich. Beizen färben das Holz homogener. Um Beizen zu fixieren, kann das Möbelstück anschließend lackiert werden. Für einen natürlichen Effekt und eine gewisse Patina sollte man das Holz sanft mit einem Schleifschwamm vorbehandeln.

→ Bitumen von Judäa
Aufgetragen (mehr oder weniger verdünnt, in tiefgoldbrauner Farbe) auf Reliefs und Zierleisten von Möbeln bringt dieser Naturasphalt besondere Stücke zur Geltung und erzeugt eine schöne, antike Patina.

→ Speziallasuren
Dieser Fertiganstrich für die Oberflächenbehandlung kann auf einen vorher gestrichenen Grundton des Holzes aufgetragen werden. Er ist dünnflüssig, transparent bis halbtransparent, erzeugt eine dekorative Wirkung auf Möbeln und lässt sie älter aussehen.

→ Wischfarben
Mit diesen Farben kann man die Wirkung eines matten und weichen Kalkanstrichs auf Möbeln reproduzieren. Nach dem Verwischen entsteht ein attraktiver Alterungs- oder Antikeffekt. Um diesen zu erreichen, trägt man eine erste Farbschicht auf und lässt diese einen Tag lang trocknen. Anschließend gibt man auf das trockene Möbelstück eine Schicht Wischfarbe. Dieser zweite, noch nicht getrocknete Auftrag wird mit einem feuchten Tuch oder Schwamm so verwischt, dass stellenweise die Farbe des Untergrunds durchscheint.

→ Metalleffektfarben
Auf einen Farbgrund (ohne Metallbeimischung) aufgetragen, erzeugen diese Farben die Wirkung von Silber, Gold, Stahl, Kupfer oder Platin. Einer der großer Klassiker ist dabei die Farbverbindung von Rot mit der Metalleffektfarbe »Gold«. In dieser Reihe sind zahlreiche Effektfarben erhältlich wie zum Beispiel die Wirkungsweisen »Beton«, »Holz« oder »Tadelakt«.

→ Klarlack
Klarlack wird in zwei aufeinanderfolgenden Schichten (die erste vor dem zweiten Auftrag mit Schleifpapier von sehr feiner Körnung anschleifen) aufgetragen. Dieser Lack fixiert die Farben und schützt das Möbelstück vor Feuchtigkeit, Gebrauchsspuren und Alterung.

→ Wachs
Wachs verleiht dem Holz Strahlkraft, Tiefenpflege und eine schöne Patina. Allerdings sollte Wachs bei Möbeln in Feuchträumen nicht verwendet werden, denn diese Oberflächenbehandlung schützt nicht vor Feuchtigkeit. Für Küchen- oder Badezimmermöbel muss man dem Klarlack den Vorzug geben.

Eine Holzkommode streichen

Handwerkszeug und Material

- 1 kleine Farbwalze (vom Typ Lackroller)
- Stahlwolle
- 1 Schleifschwamm (fein)
- Schleifpapier
- 1 Rundzange
- 1 Flachzange
- 1 Polierhandschuh
- 1 nicht fusselnder Lappen
- 1 Plastikplane für Malerarbeiten
- 1 Topf Universal-Grundierung (bei Verwendung von Farblack)
- 1 Topf Beize, Lasur oder deckende Holzfarbe in gewünschter Farbe
- 1 Topf Möbelwachs

MÖBEL AUS ROHHOLZ SIND PREISWERT UND EINFACH ANZUSTREICHEN. FÜR EINEN LICHTDICHTEN UND DECKENDEN ANSTRICH WIRD ZUERST EINE GRUNDIERUNG AUFGEBRACHT. EBENSO EMPFEHLENSWERT IST EINE FARBGEBUNG OHNE EINE GRUNDIERUNGSSCHICHT, DIE DIE HOLZMASERUNG ZUR GELTUNG BRINGT. SIND FARBE ODER LASUR GETROCKNET, TRÄGT MAN EINE SCHICHT WACHS AUF. AUF DIESE WEISE WIRD DIE OBERFLÄCHE DES MÖBELSTÜCKS GESCHÜTZT UND MIT EINER SCHÖNEN PATINA VERSEHEN. GEHT MAN SCHRITT FÜR SCHRITT VOR, HÄLT DAS ERGEBNIS AUCH DEM KRITISCHEN BLICK EINES EXPERTEN STAND.

Los geht's

Den Fußboden rund um das Möbelstück mit einer Plastikplane schützen – für den Fall, dass Farbe auf den Boden tropft.

–

Nicht in einem staubigen Raum malen: Die Staubpartikel könnten sich während des Trockenvorgangs auf die Farboberfläche legen und antrocknen. Die Wirkung ist dann wenig attraktiv.

–

Der Raum, in dem gearbeitet wird, sollte gut zu belüften sein.

1

Die Kommode mit Schleifpapier (feine Körnung) anschleifen, um glatte Flächen für einen gut haftenden Farbauftrag zu erzielen.

2

Anschließend mit der Stahlwolle und dem Schleifschwamm die Holzoberflächen einheitlich matt schleifen.

3

Das Möbelstück mit dem Lappen sorgfältig abstauben und abwischen und die Ecken mit einem Staubpinsel säubern.

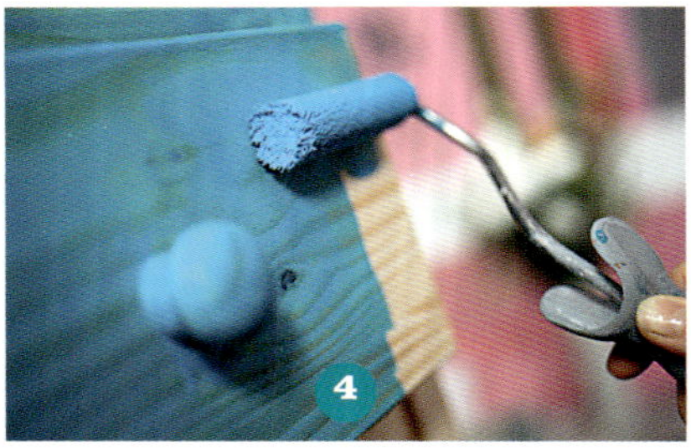

4

Eine erste Schicht Beize oder Lasur (bei deckenden Holzfarben die Grundierung) gleichmäßig und dünn aufbringen. Für die Bearbeitung schwer zugänglicher Ecken den Pinsel mit der Rundzange verlängern. Für ebene Flächen die kleine Farbwalze (Lackroller) einsetzen.

5

Die erste Schicht trocknen lassen. Die Trocknungszeit richtet sich nach den Angaben des Herstellers auf dem Farbtopf.

6

Ist der Auftrag auf der Kommode gut ausgetrocknet, diese sanft mit dem Schleifschwamm behandeln, um kleine Unebenheiten und Unregelmäßigkeiten im ersten Farbanstrich zu beseitigen.

7

Eine zweite Farb-, Lasur- oder Beizschicht durch Wiederholung von Arbeitsschritt 4 auftragen.

8

Ist auch die zweite Schicht gut ausgetrocknet, die Kommode mit einem mit Wachs getränkten Lappen kräftig einwachsen, sodass das Wachs ins Holz eindringen kann.

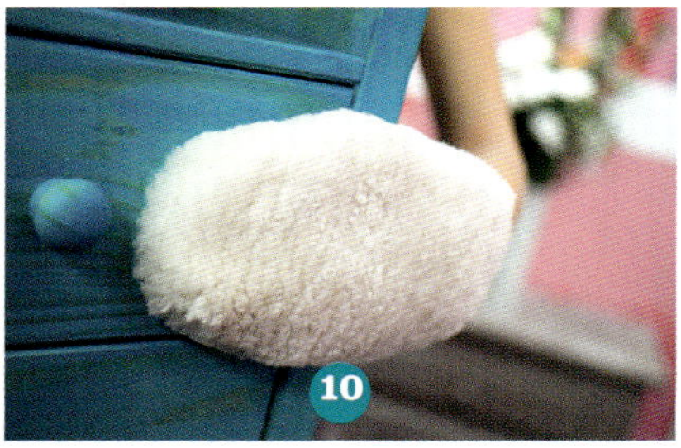

9

Um das Wachs auch in schwer zugängliche Ecken und verborgene Stellen zu bringen, benutze einen Pinsel mithilfe einer Flachzange.

10

Den Wachsauftrag trocknen lassen. Ist das Wachs in das Holz eingedrungen, die Kommode mit einem Polierhandschuh bearbeiten.

Ein Regal aus Schichtpressstoff streichen

Handwerkszeug und Material

- 1 Schaum-Schleifklotz
- Wasser-Schleifpapier, feine Körnung (zur Befestigung am Schleifklotz)
- 1 großer Schwamm für Malerarbeiten
- 1 Schleifschwamm, fein
- 1 Staubbürste
- 1 kleine Farbwalze (Typ Lackroller)
- 1 großer Flachpinsel oder Spalterpinsel (120 mm)
- 1 Topf Grundierung für Metalleffektfarben
- 1 Topf Metalleffektfarbe in der gewünschten Tönung
- 1 Plastikplane
- 1 Topf Klarlack aus derselben Produktreihe wie die Farbe

EINEM REGAL AUS SCHICHTPRESSSTOFF KANN MAN MIT EINER METALLEFFEKTFARBE EIN VÖLLIG NEUES AUSSEHEN VERLEIHEN. ZUVOR ALLERDINGS MUSS ES ABGESCHLIFFEN UND MIT EINER SPEZIELLEN GRUNDIERUNG VORBEREITET WERDEN, DIE DEN AUFTRAG MIT EINER METALLEFFEKTFARBE AUF GLATTEN FLÄCHEN ERMÖGLICHT.

Los geht's

Vor Beginn der Streicharbeiten den Fußboden mit einer Plastikfolie auslegen, um Farbspritzern und Flecken vorzubeugen.

–

Streicharbeiten in einem staubigen Zimmer vermeiden – Staubpartikel legen sich auf die feuchte Farbe, trocknen mit fest und stören eine homogene Oberflächenstruktur.

–

Der Ort, an dem mit Farben gearbeitet wird, sollte gut zu durchlüften sein.

1

Das Wasser-Schleifpapier auf dem Schwamm-Schleifklotz fixieren.

2

Den großen Malerschwamm anfeuchten und das Möbelstück sorgfältig rundherum einfeuchten, um die Schleifarbeit zu erleichtern. Anschließend die Oberflächen mit dem Schwamm-Schleifklotz abschleifen, damit die Grundierung und der folgende Farbanstrich gut haften.

Tipps & Tricks

Bevor der Behälter mit der Metalleffektfarbe geöffnet wird, diese kräftig schütteln, damit sich die darin enthaltenen Metallpartikel, die sich stets auf dem Boden absetzen, gut mit der Farbe vermischen.

*

3

Den Schleifvorgang mithilfe des Schleifschwamms zu Ende führen.

4

Das Möbelstück mit der Staubbürste gründlich reinigen. Dabei darauf achten, alle gelösten Partikel des Schichtpressstoffs zu entfernen.

5

Mit dem breiten Flachpinsel die Grundierung mit gleichmäßigen Pinselschlägen zuerst von links nach rechts und dann von rechts nach links auftragen. Es ist empfehlenswert, hierfür eine Grundierung desselben Fabrikats wie das der Metalleffektfarbe zu benutzen.

6

Nach dem Trocknen der Grundierung mit einer kleinen Farbwalze (Typ Lackroller) eine Schicht Metalleffektfarbe auf die Innenwände des Regals auftragen. Anschließend den Vorgang außen wiederholen.

6

7

7

Ist die Farbschicht gut durchgetrocknet, den Lack mit einem Lackroller darübergeben.

*

Ist das Möbelstück neu gestrichen, Farbwalze und Pinsel gründlich mit Wasser und Seife reinigen.

Möbel aufarbeiten

Handwerkszeug und Material

- Schleifpapier (feine und mittlere Körnung)
- 1 großer Malerschwamm
- 1 Flasche oder Packung Seifenlauge für Malerarbeiten (flüssig oder in Pulverform)
- 1 Eimer
- 1 Schleifschwamm (mittlere Körnung)
- Stahlwolle, Feinheitsgrad 00
- 1 weiche Staubbürste
- 1 harte Bürste mit kurzen Borsten
- 1 kleine Farbwalze (Typ Lackroller)
- 1 große Flachzange
- 1 Dose Universal-Abbeizer, 1 Lappen, 1 Malerspachtel und Atemschutz (nur wenn das Möbelstück mit dicken Schichten Malerfarbe, Lack oder Wachs bedeckt ist)
- 1 Topf Universal-Grundierung für Möbel
- 1 Topf Malerfarbe der gewünschten Tönung
- 1 Plastikplane

DU HAST AUF DEM FLOHMARKT ODER IM KELLER EIN MÖBELSTÜCK ENTDECKT UND MÖCHTEST ES AUFARBEITEN UND NACH DEINEN VORSTELLUNGEN NEU GESTALTEN. IN DIESEM FALL MUSS DAS GUTE STÜCK ZUERST GESÄUBERT WERDEN. ANSCHLIESSEND EINE GRUNDIERUNG AUFTRAGEN, DAMIT DIE NEUE FARBE GUT AUF DEM UNTERGRUND HAFTET.

Los geht's

Vor den Malerarbeiten den Fußboden mit einer Plastikplane schützen, um Farbflecken und -spritzer aufzufangen.

–

Arbeiten in staubigen Räumen vermeiden: Staubpartikel setzen sich auf der frischen Farbe fest, trocknen mit ein und verderben ein schönes Oberflächenbild.

–

Der Raum, in dem die Arbeiten durchgeführt werden, sollte gut gelüftet werden können.

1

Im Eimer die Lauge nach Gebrauchsanleitung des Herstellers vorbereiten. Das Möbelstück zuerst abstauben, dann mithilfe der harten Bürste und des großen Schwamms sorgfältig ablaugen.

2

Stelle sicher, dass Tür- und Schubladengriffe gut befestigt sind. Wenn nötig festschrauben, festziehen oder auswechseln. Der Einfachheit halber können sie während der Malerarbeiten auch abmontiert werden.

3

Das Möbelstück in der Raumluft trocknen lassen.

4

Mit dem Schleifpapier (mittlere Körnung) und anschließend dem Schleifschwamm (mittlere Körnung) das Möbelstück in leichten Streichbewegungen abschleifen, damit Grundierung und Farbauftrag gut haften. Ist das Möbelstück mit dicken Schichten Malerfarbe, Wachs und/oder Klarlack überzogen, Atemmaske aufsetzen und ein Abbeizmittel, einen Lappen oder einen Malerspachtel benutzen, mit dem die alten Schichten vom Holz abgekratzt werden können.

5

Die Holzflächen erneut gut abtrocknen lassen. Anschließend mit der weichen Staubbürste abbürsten. Dabei ist es wichtig, sämtliche Staubpartikel und Farb- oder Lackreste, die sich während des Schleifens oder Ablaugens gelöst haben, gründlich zu entfernen.

6

Die Universal-Grundierung mit dem Flachpinsel und dem Kleinflächenroller in gleichmäßigen Bewegungen auftragen, bis die Holzflächen von einer homogenen Schicht bedeckt sind.

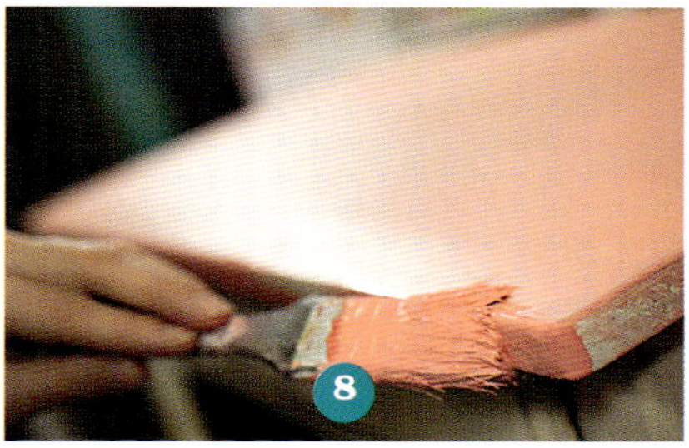

7

Ist die Grundierung gut ausgetrocknet, das Möbelstück mit einem Lappen vor dem nächsten Farbanstrich gründlich abreiben und von Staub befreien.

8

Mit dem Flachpinsel die erste Farbschicht aufbringen und mit dem Kleinflächenroller glätten.

9

Ist auch diese Farbschicht vollkommen getrocknet, das Möbelstück mit dem Schleifpapier mit feiner Körnung leicht abschleifen, um körnige Reste zu entfernen und eine absolut glatte Oberfläche zu erhalten.

10

Anschließend eine zweite Farbschicht auftragen. Nicht trocknen lassen. Unmittelbar mit dem Schwamm verwischen, um die gewünschte Farbtönung und Textur zu erzeugen.

11

Ist die Farbe getrocknet, erhält man durch Abreiben mit feiner Stahlwolle eine schöne Patina.

*****

Hat die Kommode ihr neues Aussehen erhalten? Dann reinige das Handwerkszeug sorgfältig und lüfte den Raum, in dem gearbeitet wurde.

Schablonentechnik

Handwerkszeug und Material

- 1 Kunststofffolie für Schablonen (z. B. Acetatfolie, erhältlich in Künstlerbedarf-Geschäften oder Bastelläden)
- 1 Permanentmarker
- 1 Passepartoutmesser
- 1 Holzbrett (oder jede andere Unterlage, auf der man mit einem Passepartoutmesser arbeiten kann)
- ein Muster deiner Wahl
- 1 Rolle Malerkrepp
- Farbe in Spraydosen, Töpfen oder Tuben
- 1 Schablonierpinsel
- 1 kleiner Lackroller
- 1 Farbwanne
- 1 Glasbehälter zum Einweichen von Pinsel und Roller

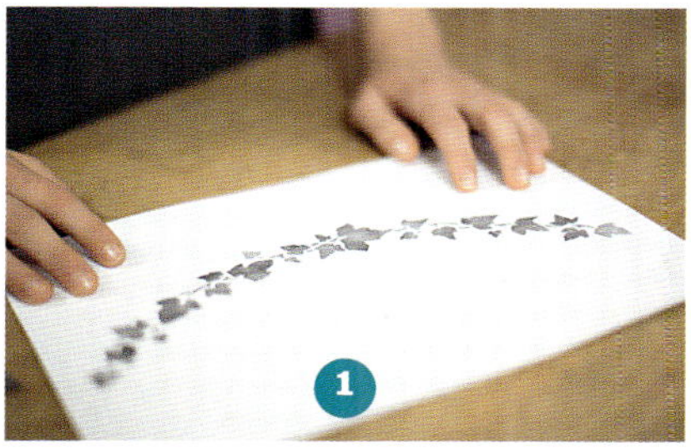

DU HAST IM INTERNET ODER AUF EINER TEXTILIE EIN FASZINIERENDES MUSTER ENTDECKT? MIT DIESEM MUSTER KANNST DU SCHNELL UND UNKOMPLIZIERT SCHABLONEN FÜR DIE MÖBELDEKORATION HERSTELLEN. FARBFRIESE (BORDÜREN), EINZELNE MOTIVE, MOTIVREIHEN ... BEI DER SCHABLONENMALEREI SIND DEINER KREATIVITÄT KEINE GRENZEN GESETZT.

1

Die Acetatfolie auf das gewählte Motiv legen und mit einem Permanentmarker auf die Folie abpausen.

2

Mit dem Passepartoutmesser die Innenflächen des Musters ausschneiden, die später in Farbe auf dem Möbelstück als Schablonenmalerei erscheinen sollen. Die Schablone ist fertig!

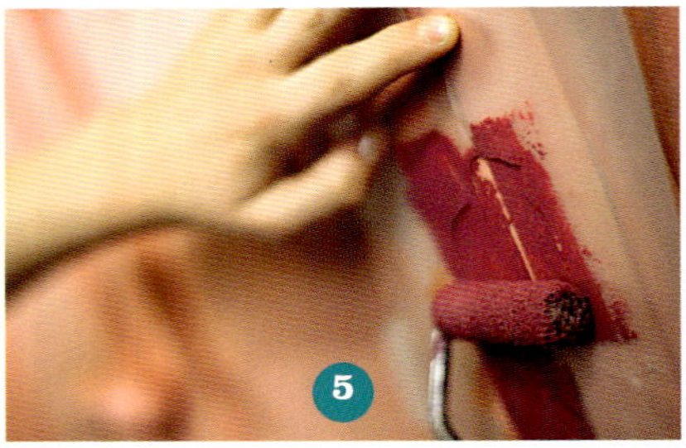

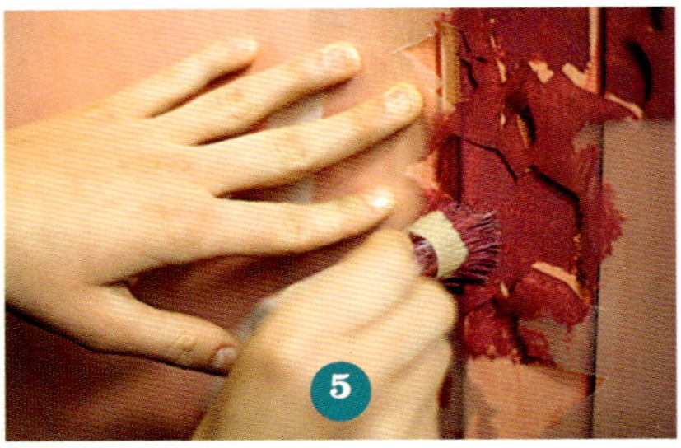

3

Die Farbe in die Farbwanne geben und gut durchmischen.

4

Die Schablone auf das Möbelstück legen und mit Kreppklebeband stramm befestigen.

5

Mit Farbroller und Pinsel die Schablone gleichmäßig mit Farbe überstreichen. Dabei darauf achten, dass keine Farbe unter die Musterränder geraten kann.

6

Ist das Motiv aufgetragen, die Schablone vorsichtig abziehen.

7

Die Arbeitsschritte 4 bis 6 je nach Wunsch so oft wiederholen, bis die gewünschte Dekoration auf dem Möbelstück abgebildet ist.

Tipps & Tricks

Für weitere Mustervarianten können Schablonen auch seitenverkehrt abgebildet werden. Soll ein großes Einzelmotiv schabloniert werden, ist zu bedenken, dass viele kleine Schablonen leichter zu handhaben sind als eine große.

*

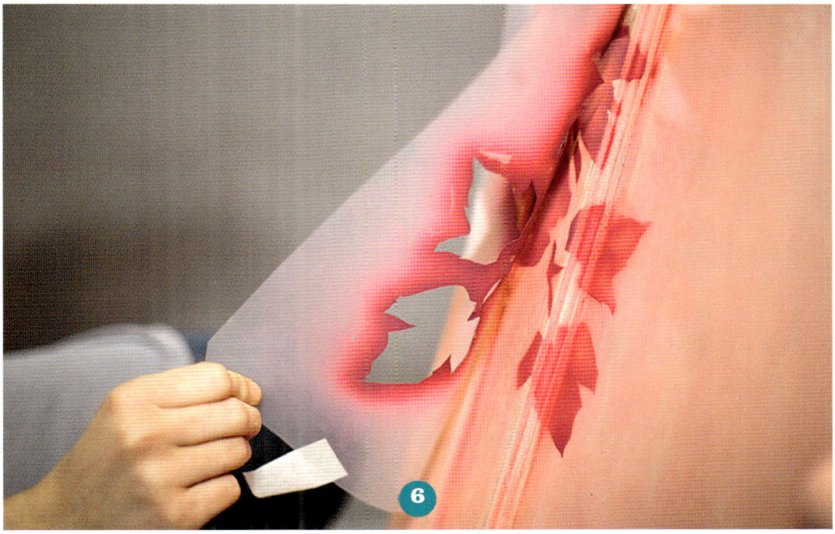

Tipps & Tricks

Beim Schablonieren einer Bordüre auf ein Möbelstück das Muster von beiden Seiten her aufbringen, anschließend die Schablone umdrehen, um die fehlenden Musterteile einzufügen: Dabei hat die Farbe Zeit, gut zu trocknen. Und das Resultat ist ein sauberes und gleichmäßiges Muster.

*

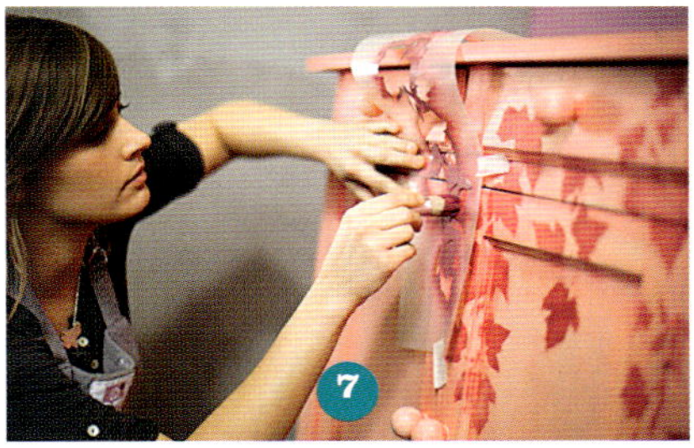

Nach Gebrauch die Farbe auf der Schablone trocknen lassen. Anschließend reinigen, um sie zu einem späteren Zeitpunkt wieder verwenden zu können.

Schubladen auskleiden

Handwerkszeug und Material

- Stoff in ausreichender Menge, um den Boden einer Schublade auszukleiden
- 1 Sperrholzplatte von 3 mm Dicke, nach den Maßen des Schubladenbodens zugeschnitten
- 1 Maßband
- 1 Tacker für Textilien
- Heftklammern für den Tacker
- 1 Bleistift
- 1 Hammer
- 1 Stoffschere

LUST DARAUF, EINE KOMMODE ZU VERSCHÖNERN UND IHR EINEN SEHR PERSÖNLICHEN STIL ZU GEBEN? MIT WENIGEN HANDGRIFFEN KANNST DU DIE SCHUBLADEN DES MÖBELSTÜCKS MIT EINEM STOFF DEINER WAHL AUSKLEIDEN.

Los geht's

Vor der Arbeit solltest du dir bewusst werden, wie oft die Schublade des betreffenden Möbelstücks täglich geöffnet und geschlossen wird: Wähle einen Stoff aus, der strapazierfähig genug ist, diese Belastung auszuhalten.

1

Die auszukleidende Schublade leeren. Vollständig aus der betreffenden Kommode nehmen und den Schubladenboden mit dem Maßband ausmessen.

2

Im Heimwerkermarkt eine Sperrholzplatte nach den Maßen der Schublade zurechtschneiden lassen. Sie sollte jeweils 5 mm in Breite und Länge weniger messen als der Schubladenboden.

3

Den Stoff mit der linken Seite nach oben auf einem Tisch ausbreiten. Die Sperrholzplatte darauflegen und mit dem Bleistift deren Konturen aufzeichnen.

4

Den Stoff nach den Bleistiftmarkierungen mit einer Zugabe von rundherum 5 cm ausschneiden.

5

Den Stoff an das Sperrholzbrett tackern. Dabei darauf achten, dass das Material stramm und ohne Falten zu schlagen über das Holz gespannt wird.

6

Die Stoffecken einfalten und ebenfalls antackern.

7

Ist der Stoff am Holzbrett befestigt, die Klammern für einen festen Sitz leicht mit dem Hammer weiter in das Holz einschlagen.

8

Die mit Stoff bespannte Sperrholzplatte in den Boden der Schublade einpassen.

9

Die Schublade wieder in die betreffende Kommode schieben.

8

9

1. Wozu benutzt man feine Stahlwolle?

a. Zum Ablaugen von Möbeln.
b. Um Möbel zu lackieren.
c. Um Möbeln eine schöne Patina zu verleihen.

2. Was versteht man unter einem Spalter?

a. Einen breiten Flachpinsel.
b. Einen Plastikspachtel, um Wachs auf einem Möbelstück zu verteilen.
c. Einen Lackroller für kleine Flächen.

3. Mit welchem Handwerkszeug bringt man sogenannte dekorative Effektfarben (z. B. Beton Ciré) auf?

a. Mit einem Schwamm.
b. Mit einer Putzkelle.
c. Mit einem Pinsel.

4. Was bewirkt ein Wachsüberzug auf Holz?

a. Das Wachs schützt das Holz vor Feuchtigkeit.
b. Es entfernt Flecken und gleicht gewisse Unregelmäßigkeiten in den Oberflächen antiker Möbelstücke aus.
c. Wachs pflegt das Holz und verleiht ihm Glanz.

5. Was ist zu tun, wenn ein altes Möbelstück aus Holz viele winzige Löcher aufweist?

a. Nichts: Die Löcher sind natürliche Gebrauchsspuren.
b. Man schließt sie mit Holzkitt.
c. Das Möbelstück muss gegen Holzwürmer behandelt werden.

6. Was ist ein Alterungseffekt?

a. Die ästhetische Ausstrahlung eines schönen und gebraucht aussehenden Möbelstücks, die mithilfe von Wischfarben erzeugt wird.
b. Die Wirkung, die durch das Aufbringen von Kalk auf Möbeln erreicht wird.
c. Die Reliefwirkung, die durch eine Lasurschicht auf einem vorbehandelten Möbelstück entsteht.

7. Was versteht man unter Kremser Weiß oder Bleiweiß?

a. Ein Produkt, dessen Anwendung bei einem Möbelstück einen Alterungseffekt erzielt.
b. Ein Produkt, mit dem man problemlos Lack oder Farbe von Möbelstücken entfernen kann.
c. Ein Produkt, mit dem Holzflächen behandelt werden, um ihre Porenstruktur zur Geltung zu bringen.

8. Wie kann man ein Möbelstück aus Holz im Badezimmer vor Wasser und Kondensation schützen?

a. Indem man es mit einer Acrylfarbe anstreicht.
b. Indem das Möbelstück mit Klarlack behandelt wird
c. Durch eine spezielle Holz-Grundierung.

9. Was geschieht bei der Behandlung eines Rohholzmöbels mit Lauge?

a. Das Holz nimmt Wasser und Lauge auf. Es trocknet danach nur schwer, und es bilden sich Wasserflecken.
b. Das Möbelstück wird grundlegend gesäubert: Wie die Bäume in freier Natur nach dem Regen trocknet das rohe Holz schnell.
c. Das Holz trocknet nie mehr aus und fault.

10. Was ist eine Acrylfarbe?

a. Eine gesundheitsschädliche Farbe mit einem hohen Anteil an Lösungsmitteln.
b. Eine gute Alternative zu anderen Farben, weil das enthaltene Lösungsmittel hauptsächlich aus Wasser besteht, das beim Trocknen verdunstet.
c. Ein Kunstharzlack wie jeder andere auch.

Lösungen: 1c, 2a, 3c, 4c, 5c, 6a, 7c, 8b, 9a, 10b

Willkommen bei Lilibricole

Gymnastik- oder Kochkurse sind weit verbreitet. Mit seinen Heimwerkerkursen hat Lilibricole eine längst überfällige Lücke gefüllt.

Das Pariser Ladengeschäft mit Werkstatt

Die richtige Farbwahl

Befestigen mit System

Eine einzigartige Methode

Frauen dekorieren und gestalten das Interieur ihres Heims gerne nach ihren eigenen Vorstellungen. Mit etwas Deko ist es jedoch meistens nicht getan. Wir haben die Erfahrung gemacht, dass darüber hinaus oft der Wunsch entsteht, kleinere Handwerkerarbeiten selbst und eigenständig durchzuführen. Verständlicherweise. Denn es ist äußerst befriedigend, sagen zu können: »Das habe ich selbst gemacht!« Heimwerken ist wie Kochen: Man trifft Vorbereitungen, man kombiniert … Und wenn wir Frauen erst einmal auf den Geschmack gekommen sind, sind wir nicht mehr zu bremsen: Wir haben plötzlich das Bedürfnis, alles im Haus neu zu gestalten. Geht es jedoch darum, ein Regal anzubringen oder einen Neuanstrich zu wagen, neigen Neulinge unter den Heimwerkerinnen häufig zur Unsicherheit und benötigen praktischen Rat, bevor sie riskieren, sich allein in die Arbeit zu stürzen.

Die besondere Methodik der Heimwerkerkurse von Lilibricole basiert auf genauer Analyse der Wünsche und Bedürfnisse dieses Publikums. Hinzu kommt, dass die erfahrenen und engagierten Betreuer ihre Kenntnisse in einer entspannten und geselligen Atmosphäre vermitteln. Dank eines einzigartigen praxisnahen und lustbetonten Unterrichts lernen die Teilnehmerinnen, kleine und größere Heimwerkerarbeiten mit Selbstvertrauen anzugehen.

Eine helle Werkstatt und eine gesellige Umgebung

Ein großer Holztisch, rosa- und schokoladenfarbene Wände und sanftes, warmes Licht bestimmen die Werkstatträume. Die weitläufige Werkstatt mit der nötigen technischen Ausstattung und entsprechenden Materialien lädt zum entspannten »Learning by Doing« ein und befähigt die Kursteilnehmer, sich mit guter Vorkenntnis und Fertigkeit den Heimwerkerar-

Ran an die Farbwalze

Spezielle Kurse für Kinder

beiten im eigenen Heim zu widmen. Lilibricole bietet eine große Auswahl an praktischen Kursen mit ungefähr 30 unterschiedlichen Themen, die zum selbstständigen Arbeiten in den eigenen vier Wänden befähigen: Streichen, Fliesenlegen, Befestigungssysteme, Klempner-, Tischler-, Maurer- sowie Elektroarbeiten, Umgang mit Schablonen und Farben, Aufarbeiten von Möbeln etc.

*

Heimwerkerinnenkurse gibt es nicht nur bei Lilibricole in Frankreich! Viele Baumärkte und Volkshochschulen bieten bei dir vor Ort Heimwerkerkurse speziell für Frauen an.

Geteilte Erfahrung

Die Erfahrung aus den Kursen inspirierte uns dazu, unser Praxiswissen in einem umfangreichen Do-it-yourself-Buch allen Interessierten zu vermitteln. So können auch all jene, die nicht in unsere Kurse vor Ort kommen können, schnell und einfach nachschlagen, wie man beispielsweise den richtigen Dübel wählt, Wände tapeziert oder die Silikonfugen im Bad erneuert. Zusätzlich bieten wir allen Heimwerkerinnen auf Facebook ein Forum, in dem Erfahrungen ausgetauscht und Fragen gestellt werden können. Auf www.lilibricole.com kannst du außerdem deine vollendeten Projekte ins Netz stellen.

Anhang

Glossar

a

Abstreifgitter: Ein Metall- oder Plastikgitter, das in den Malereimer eingehängt zum Abstreifen der Farbwalzen oder der Pinsel dient.

Abtropfgitter: Siehe Abstreifgitter.

c

Chargennummer: Hier handelt es sich um einen Begriff aus der Fliesenproduktion. Die Chargennummer bei Fliesen besteht normalerweise aus der Kombination von zwei Nummern: dem Farbton (Tono) und Kaliber oder Größe (Calib.). Diese Nummern sind auf jedem Fliesenkarton im Anschluss an die Fliesenbezeichnung aufgedruckt. Anhand dieser Zahlen wird ersichtlich, ob die Fliesen in den einzelnen Paketen aus demselben Produktionszyklus stammen, was eine einheitliche Farbgebung garantiert.

d

Dreikantschaber: Metallwerkzeug mit Holzgriff zum Erweitern von Rissen vor dem Verfüllen mit Spachtelmasse und zum Entfernen von Lack- und Farbresten aus schwer zugänglichen Ecken und Kanten.

e

Effekthandschuh: Siehe Farbhandschuh.

f

Farbhandschuh: Ein Handschuh mit weichem Flor, mit dem man schwer zugängliche Stellen (Heizkörper) erreichen, gewachste Oberflächen polieren oder durch Wischen und Tupfen von Farbe dekorative Effekte erzielen kann.

Fliesenkreuze: Kleine Kreuze aus Plastik, die als Abstandshalter beim Fliesenlegen verwendet werden.

Fliesenschneider: Im Allgemeinen ein manuelles Gerät, bestehend aus einer Platte und einer Führungsschiene mit Hartmetallrädchen. Mit ihm ritzt man Fliesen an und bricht sie anschließend an den Sollbruchstellen, um das gewünschte Maß zu erhalten. Daneben gibt es auch elektrische Fliesenschneider (für Heimwerker empfehlenswert).

Fuchsschwanz: Der Fuchsschwanz ist eine Säge aus Werkzeugstahl mit keilförmig verjüngtem Sägeblatt, um auch in beengten Räumlichkeiten arbeiten zu können.

g

Gabelschlüssel: Siehe Schraubenschlüssel.

Glättspachtel: Eine spezielle Spachtelmasse, die einer zuvor ausgebesserten Wand eine glatte Oberfläche ohne raue Stellen oder Unebenheiten verleiht – der ideale Untergrund für Tapeten. Man verwendet ihn nach dem Reparaturspachtel.

Grundierung: Eine weiße oder halbtransparente Farbe, die als Grundlage für einen Farbaufstrich auf schwierigen Oberflächen dient. Sie fördert die Haftung der Malerfarbe und erzeugt einen glatteren Untergrund für den Auftrag von Lacken und Farben.

Gummidichtung: Kleiner Gummiring, der dafür sorgt, dass Rohrverbindungen – z. B. bei Mischbatterien – dicht bleiben.

Gummirakel: Ein flaches Werkzeug aus Plastik zum Einarbeiten der Fugenmasse zwischen die Fliesen.

h

Heizkörperpinsel: Hierbei handelt es sich um einen Flachpinsel mit langem Stiel und leicht abgeknicktem Pinselkopf, mit dem schwer zugängliche Stellen erreichbar sind.

Hund: Ein kleiner Wagen, bestehend aus einer Platte auf Rollen, mit der eine Einzelperson problemlos schwerere Lasten befördern kann.

k

Kleinflächenroller: Eine sehr schmale, kurze Farbwalze für kleine Flächen.

Kleisterbürste: Große Bürste mit langen, weichen Borsten, mit der der Tapetenkleister auf die Tapete aufgetragen wird.

Kombizange: Die Kombinationszange ist eine Zange, die mehrere Werkzeugfunktionen in sich vereint. Sie dient zum Greifen sowie zum Abschneiden und Abzwicken von Drähten und besitzt zugleich die Backen einer Flachzange und einer Rohrzange.

Kreppklebeband: Dieses Klebeband eignet sich ideal zum Abkleben (von Lichtschaltern, Tür- und Fensterrahmen, Fußleisten etc.) bei Maler- und Lackierarbeiten sowie fürs Markieren und Fixieren. Es haftet sehr gut auf den unterschiedlichsten Oberflächen und ist rückstandsfrei wieder ablösbar.

l

Lackroller: Eine schmale Farbwalze mit mittellangem Flor oder aus Schaumstoff, die zum Aufbringen von Lackfarben oder Klarlacken benutzt wird.

m

Malerspachtel (breit): Ein Mehrzweck-Werkzeug mit breiter, halbrunder Klinge aus Metall zum Abnehmen von Tapeten.

Maulschlüssel: Siehe Schraubenschlüssel.

n

Nahtroller: Eine kleine Walze mit Griff, die dazu dient, die aneinanderstoßenden Kanten (Nähte) von zwei Tapetenbahnen zu glätten und festzudrücken.

p

Plastikspachtel: Eignet sich zum Auftragen von Wachs auf Möbel.

Pumpabflussreiniger: Siehe Pumpreiniger.

Pumpreiniger: Ein Gerät, mit dem Verstopfungen des WCs durch das Einleiten von Luft gelöst werden können.

Putzkelle: Viereckiges, flaches Holz- oder Plastikbrett mit Griff zum Aufbringen von Putz, Spachtelmasse oder anderen Wandüberzügen.

r

Reparaturband: Hierbei handelt es sich um ein Band aus Polyester- oder Polyamidgewebe zur Überbrückung von starren oder arbeitenden Wandrissen. Nach Aufbringen des Bandes kann eine Feinspachtelung oder ein Anstrich erfolgen. Das Reparaturband wird rollenweise verkauft.

Reparaturspachtel: Spachtelmasse zum Verfüllen von Löchern und Rissen in Wänden.

Rohrreinigungsspirale: Lange, biegsame Spirale mit Handkurbel, die sich durch Drehen der Kurbel weit in ein Abflussrohr einführen lässt und Verstopfungen ohne den Einsatz von die Rohre schädigenden Chemikalien löst.

Rohrzange: Die Rohrzange ist eine Greifzange mit verstellbarem Gelenk und verstellbarer Maulweite für viele Rohrgrößen. Sie ist für Sanitärarbeiten im ganzen Haus unerlässlich.

s

Schlagholz aus Holz oder Gummi: Dieses glatte, rechteckige Werkzeug gehört zum Inventar des Fliesenlegers. Das Schlagholz wird auf die frisch verklebte Fliese gelegt. Ein kleiner Schlag mit dem Gummihammer fördert dann eine gute Haftung der Fliese an der Wand.

Schleifklotz: Rechteckiges Werkzeug für die Schleifarbeit. An diesem Klotz befestigt man feines Schleifpapier.

Schleifpapier: Mithilfe von Schleifpapier werden Wände oder Möbel abgeschliffen. Es ist in unterschiedlichen Körnungen von »fein« bis »grob« im Handel erhältlich.

Schraubenschlüssel: Der Schraubenschlüssel ist ein Werkzeug zum Anziehen und Lösen von Schrauben und Muttern. Die Größe eines Schraubenschlüssels wird durch die Schlüsselweite in Millimetern gekennzeichnet, die auf die jeweils zu behandelnde Schraube oder Mutter passen muss.

Schutzbrille: Wichtiges Utensil aus Plastik zum Schutz der Augen bei Heimwerkerarbeiten. Gibt es in jedem Baumarkt.

Spachtel: Ein Werkzeug aus Metall mit Holzgriff, mit dem Spachtelmasse verarbeitet und aufgebracht wird.

Spachtelmasse: Spachtelmasse ist ein Lückenfüller für außen und innen, gebrauchsfertig oder in Pulverform zum Anrühren. Sie dient zum Glätten von Holz und Metall, Ausbessern von kleinen Rissen und Löchern in Putzen, dem Füllen und Ausbessern von Fugen.

Stahlwolle: Haarfeine Stahlfäden in Kissenform gepresst, mit denen Möbel nach einem Farb- oder Wachsauftrag geglättet und poliert werden.

---

t

Tapetenablöser: Ein Produkt, das das Ablösen von Tapeten durch Lösen des Klebers erleichtert. Es wirkt, indem es tief in die alte Tapete eindringt.

Tapezierbürste: Hierbei handelt es sich um eine große Bürste mit kurzen Borsten, mit der die mit Kleister bestrichene Tapete an der Wand ausgestrichen und geglättet wird.

Teflonband: Ein spezielles, weißes, wasserdichtes und geschmeidiges Klebeband, mit dem undichte Verbindungen zwischen Rohren abgedichtet werden können.

---

u

Übergangsprofile (z. B. Schwellenschienen):
Diese Profile aus Metall, Plastik oder Holz bilden die Übergänge zu den Türschwellen bei Belägen mit Teppichboden, Linoleum oder Parkett. Das Übergangsprofil bedeckt und befestigt den Rand des Bodenbelags, verhindert so eine frühzeitige Abnutzung oder Ablösung.

---

v

Vorstreichfarbe: Siehe Grundierung.

---

z

Zahnspachtel: Großer Spachtel mit gezahnter Klinge, um den Fliesenkleber auf der Fliesenrückseite zu verteilen. Das dabei entstehende Riffelmuster erhöht die Haftung der Fliese.

Zugeisen: Verlegehilfe aus Metall für Parkett. Das Zugeisen ist gleichzeitig Abstandshalter und Spannsystem.

Register

M

N

O

P

Q

R

S

Lass Dich inspirieren!

ISBN 978-3-88472-972-4

ISBN 978-3-86244-147-1

ISBN 978-3-88472-997-7

ISBN 978-3-86244-228-7

CHRISTIAN

www.christian-verlag.de